#홈스쿨링
#초등 영어 독해 기초력

똑똑한
하루
Reading

#단계별 문장 패턴으로 문장 구조 학습 #똑똑하게 초등 독해 완성하기

똑똑한 하루 Reading
시리즈 구성 Level 1~4

Level 1 A, B
3학년 영어

Level 2 A, B
4학년 영어

Level 3 A, B
5학년 영어

Level 4 A, B
6학년 영어

똑똑한 하루 Reading만의

똑똑한 부가 자료

책 속 부록

머휘 리스트

온라인 자료

QR

▷ QR코드를 스캔하여 편리하게 음원을 들으며 학습하세요.

추가 활동지

▷ 다양한 추가 활동지를 book.chunjae.co.kr 에서 다운 받으세요.

똑똑한
하루
Reading♥

4주 완성 스케줄표

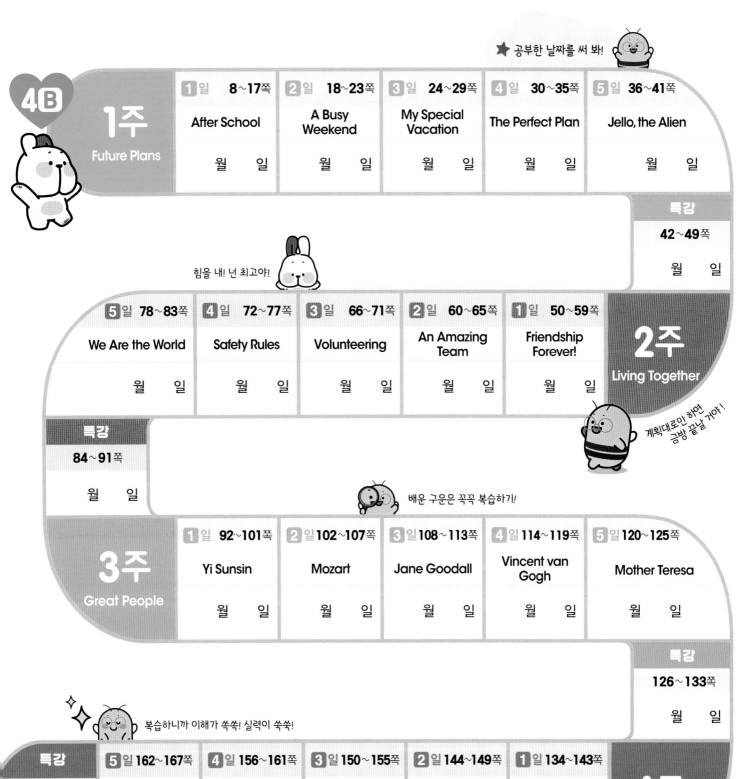

⭐ 공부한 날짜를 써 봐!

4B

1주 Future Plans

1일 8~17쪽	2일 18~23쪽	3일 24~29쪽	4일 30~35쪽	5일 36~41쪽
After School	A Busy Weekend	My Special Vacation	The Perfect Plan	Jello, the Alien
월 일	월 일	월 일	월 일	월 일

특강
42~49쪽
월   일

힘을 내! 넌 최고야!

2주 Living Together

5일 78~83쪽	4일 72~77쪽	3일 66~71쪽	2일 60~65쪽	1일 50~59쪽
We Are the World	Safety Rules	Volunteering	An Amazing Team	Friendship Forever!
월 일	월 일	월 일	월 일	월 일

특강
84~91쪽
월   일

계획대로만 하면
금방 끝날 거야!

배운 구문은 꼭꼭 복습하기!

3주 Great People

1일 92~101쪽	2일 102~107쪽	3일 108~113쪽	4일 114~119쪽	5일 120~125쪽
Yi Sunsin	Mozart	Jane Goodall	Vincent van Gogh	Mother Teresa
월 일	월 일	월 일	월 일	월 일

특강
126~133쪽
월   일

복습하니까 이해가 쏙쏙! 실력이 쑥쑥!

4주 Hopes and Dreams

특강	5일 162~167쪽	4일 156~161쪽	3일 150~155쪽	2일 144~149쪽	1일 134~143쪽
168~175쪽	Dreams Come True	Hi, New World!	Bye, Old Days!	My Idol	My Dream
월 일	월 일	월 일	월 일	월 일	월 일

똑똑한 하루 Reading

똑똑한 QR 사용법

QR 음원 편리하게 듣기

1. 표지의 QR 코드를 찍어
   리스트형으로 모아 듣기

2. 교재의 QR 코드를 찍어 바로 듣기

편하고 똑똑하게!

**Chunjae
Makes
Chunjae**

편집개발	임성란, 오은진, 김주영, 박영미
디자인총괄	김희정
표지디자인	윤순미, 이주영
내지디자인	박희춘, 이혜미
제작	황성진, 조규영

발행일	2022년 6월 1일 초판 2022년 6월 1일 1쇄
발행인	(주)천재교육
주소	서울시 금천구 가산로9길 54
신고번호	제2001-000018호
고객센터	1577-0902

똑 똑 한

하루
Reading

6학년 영어

4B

구성과 활용 방법

한 주 미리보기

미리보기 활동

미리보기 만화

- 재미있는 만화를 읽으며 이번 주에 공부할 내용을 생각해 보세요.
- 간단한 활동을 하며 이번 주에 배울 단어와 구문을 알아보세요.

step 1

- 재미있는 만화를 읽으며 오늘 읽을 글의 내용을 생각해 보세요.
- QR 코드를 찍어 새로 배울 단어나 어구를 듣고 써 보세요.

step 2

- 쉬운 글을 읽고 글의 주제를 알아보고 주요 구문을 익혀 보세요.
- QR 코드를 찍어 글을 듣고 한 문장씩 따라 읽어 보세요.
- 문제를 풀어 보며 글을 잘 이해했는지 확인해 보세요.

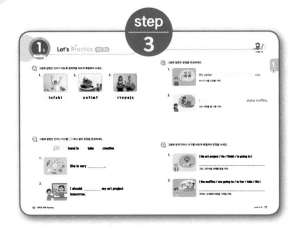

step
3

다양한 활동을 하며 오늘 배운 단어와
주요 구문을 복습해 보세요.

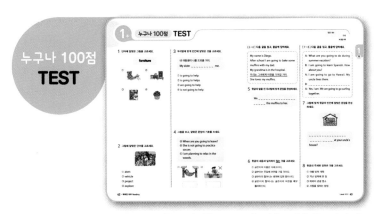

문제를 풀어 보며 한 주 동안 배운 내용을 얼마나
잘 이해했는지 확인해 보세요.

Brain Game Zone

한 주 동안 배운 내용을 창의·사고력 게임으로
재미는 두 배, 사고력은 UP!

말판 놀이

창의·사고력 게임

창의·서술형

1주 Future Plans

일	단원명	주제	구문	쪽수
1일	After School	방과 후 계획	주어+be동사+going to+동사원형 ~.	12
2일	A Busy Weekend	주말 계획	주어+be동사+not going to+동사원형 ~.	18
3일	My Special Vacation	방학 계획	(의문사+)Be동사+주어+going to+동사원형 ~?	24
4일	The Perfect Plan	여행 계획	주어+be동사+planning to+동사원형 ~.	30
5일	Jello, the Alien		1~4일 복습	36
특강		누구나 100점 TEST **& Brain Game Zone**		42

2주 Living Together

일	단원명	주제	구문	쪽수
1일	Friendship Forever!	우정	Thank you for+동사원형ing ~.	54
2일	An Amazing Team	안내견	What a/an+형용사+명사!	60
3일	Volunteering	재능 기부	주어+be동사+good at+동사원형ing ~.	66
4일	Safety Rules	안전	You must+동사원형 ~.	72
5일	We Are the World		1~4일 복습	78
특강		누구나 100점 TEST **& Brain Game Zone**		84

일	단원명	주제	구문	쪽수
1일	Yi Sunsin	이순신	주어+sound/look like+명사 ~.	96
2일	Mozart	모차르트	주어+동사 ~, 부가의문문?	102
3일	Jane Goodall	제인 구달	주어+decided to+동사원형 ~.	108
4일	Vincent van Gogh	빈센트 반 고흐	주어+enjoyed+동사원형ing ~.	114
5일	Mother Teresa		1~4일 복습	120
특강	누구나 100점 TEST & Brain Game Zone			126

3주 Great People

일	단원명	주제	구문	쪽수
1일	My Dream	장래 희망	I would like to+동사원형 ~.	138
2일	My Idol	아이돌	Why+의문문? - Because+주어+동사 ~.	144
3일	Bye, Old Days!	졸업	주어+수여동사+간접목적어+직접목적어.	150
4일	Hi, New World!	입학 전날	It is time to+동사원형 ~.	156
5일	Dreams Come True		1~4일 복습	162
특강	누구나 100점 TEST & Brain Game Zone			168

4주 Hopes and Dreams

하루 구문 미리보기

💜 **어떤 사건이나 사실이 언제 일어났는지를 나타내는 시제에 대해 미리 알아볼까요?**

현재

현재의 사실이나 습관을 나타내요. be동사의 현재형은 am, are, is이고, 일반동사의 현재형은 동사원형 또는 동사원형에 s나 es를 붙여요.

I am a student. 나는 학생이야.
He likes bread. 그는 빵을 좋아해.

현재진행

지금 하고 있는 일을 나타내요. 「be동사 + 동사원형ing」의 형태로 써요.

They are playing soccer. 그들은 축구를 하고 있어.
She is studying English. 그녀는 영어 공부를 하고 있어.

과거

과거에 일어난 일을 나타내요. be동사의 과거형은 was, were이고, 일반동사의 과거형은 대개 동사원형에 ed를 붙이는데, 불규칙하게 변화하는 것도 있어요.

He was at home. 그는 집에 있었어.
I cleaned my room. 나는 내 방을 청소했어.

미래

앞으로 일어날 일이나 계획을 나타내요. 「will + 동사원형」 또는 「be going to + 동사원형」의 형태로 써요.

We will do our best. 우리는 최선을 다할 거야.
She is going to help me. 그녀는 나를 도와줄 거야.

함께 공부할 친구들

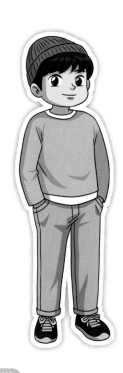

나은 　어른스럽고 똑똑한 척척박사

지훈 　다정하고 마음 따뜻한 친구

버디 　귀여운 알리 단짝 악어새

알리 　게임을 좋아하는 장난꾸러기 악어

1주 1주에는 무엇을 공부할까? ❶

🎁 **재미있는 이야기로 이번 주에 공부할 내용을 알아보세요.**

Future Plans 미래 계획

1일 After School   **2**일 A Busy Weekend   **3**일 My Special Vacation

4일 The Perfect Plan   **5**일 Jello, the Alien

A

◉ 여러분의 내일 계획을 말해 보세요.

I am going to ~ tomorrow. 나는 내일 ~할 거야.

go shopping

practice soccer

bake some bread

finish my art project

(YOU)

B

◉ 여러분의 이번 주말 계획을 말해 보세요.

I am planning to ~ this weekend. 나는 이번 주말에 ~할 계획이야.

go surfing

have a party

travel to France

have a garage sale

(YOU)

방과 후에   방과 후 계획

After School

🎁 **재미있는 이야기로 오늘 읽을 글의 내용을 생각해 보세요.**

New Words

오늘 배울 단어나 어구를 듣고 써 보세요.

finish 끝내다, 마치다

project 과제

hand in 제출하다

creative 창의적인

muffin 머핀

take 가져가다

After School

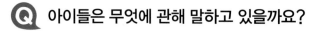

Q 아이들은 무엇에 관해 말하고 있을까요?

I am Emily.

I am going to finish my art project after school.

I should hand it in tomorrow.

My sister is going to help me.

She is very creative.

하루 구문

주어 **+ be동사 + going to +** 동사원형 **~.** …는 ~할 거야.

주어가 미래에 무엇을 할 것인지 계획을 나타내는 표현이에요. be동사는
주어의 인칭과 수에 따라 달라져요.

be going to는 대개 after
school이나 tomorrow처럼 미래를
나타내는 표현과 함께 쓰여요.

My name is Diego.

After school I am going to bake some muffins with my dad.

My grandma is in the hospital.

We are going to take the muffins to her.

She loves my muffins.

Let's Check

정답 1쪽

문장을 읽고 글의 내용과 일치하면 T, 일치하지 않으면 F에 동그라미 하세요.

1. Emily should hand in her art project tomorrow.　　T　F

2. Emily is going to help her sister after school.　　T　F

3. Diego is going to bake some muffins tomorrow.　　T　F

Let's Practice 집중 연습

A 그림에 알맞은 단어가 되도록 알파벳을 바르게 배열하여 쓰세요.

1.

i n f s h i

2.

u n f i m f

3.

r t o p e j c

B 그림에 알맞은 단어나 어구를 보기 에서 골라 문장을 완성하세요.

보기   hand in   take   creative

1.

She is very _____ .

2.

I should _____ my art project tomorrow.

C 그림에 알맞은 문장을 완성하세요.

1.

My sister　　　　　　　　　　　　　　me.

누나가 나를 도와줄 거야.

2.

I　　　　　　　　　　　　　　some muffins.

나는 머핀을 좀 구울 거야.

D 그림에 맞게 단어나 어구를 바르게 배열하여 문장을 쓰세요.

1.

(his art project / He / finish / is going to)

_____

그는 그의 미술 과제를 끝낼 거야.

2.

(the muffins / are going to / to her / take / We)

_____

우리는 그녀에게 머핀을 가져갈 거야.

A Busy Weekend

바쁜 주말 주말 계획

🎁 재미있는 이야기로 오늘 읽을 글의 내용을 생각해 보세요.

New Words

오늘 배울 단어를 듣고 써 보세요.

garage sale 차고 세일

practice 연습하다

online 온라인으로

price 가격을 매기다

item 물품, 품목

poster 포스터

A Busy Weekend

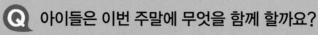

Q 아이들은 이번 주말에 무엇을 함께 할까요?

Ann, Tony, and Julie are going to
have a garage sale this weekend.
They are going to be very busy.

하루 구문

주어 + be동사 + not going to + 동사원형 ~.

…는 ~하지 않을 거야.

주어의 미래 계획을 나타내는 문장의 부정문이에요. be동사의 부정문은
be동사 뒤에 not을 써서 나타내요.

garage sale은 자기 집에서 안 쓰는
물건을 진열해 놓고 싸게 파는 것을
말하는데 yard sale이라고도 해요.

Ann is not going to practice soccer.
She is going to prepare tables.

Tony is not going to play games online.
He is going to price items.

Julie is not going to watch videos on her phone.
She is going to make posters.

 Let's Check

정답 2쪽

글의 내용과 일치하도록 괄호 안에서 알맞은 것을 골라 동그라미 하세요.

1. Ann (is / is not) going to prepare tables this weekend.

2. Tony (is / is not) going to play games online this weekend.

3. Julie (is / is not) going to be very busy this weekend.

Let's Practice 집중 연습

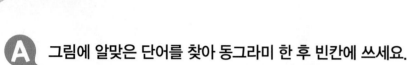

A 그림에 알맞은 단어를 찾아 동그라미 한 후 빈칸에 쓰세요.

1.

l s i t e m x w

2.

o z p r a c t i c e

3.

c p o s t e r e j

B 그림에 알맞은 단어를 보기 에서 골라 문장을 완성하세요.

보기   price   online   garage sale

1.

He is going to _____ items.

2.

They are going to have a _____.

C 그림에 알맞은 문장을 완성하세요.

1.

He _____ make posters.

그는 포스터를 만들지 않을 거야.

2.

We _____ practice soccer.

우리는 축구 연습을 하지 않을 거야.

D 그림에 맞게 단어나 어구를 바르게 배열하여 문장을 쓰세요.

1.

(not / play games / They / online / are / going to)

_____

그들은 온라인으로 게임을 하지 않을 거야.

2.

(am / watch videos / going to / on my phone / not / I)

_____

나는 휴대폰으로 영상을 보지 않을 거야.

나의 특별한 방학

My Special Vacation

🎁 **재미있는 이야기로 오늘 읽을 글의 내용을 생각해 보세요.**

New Words 오늘 배울 단어나 어구를 듣고 써 보세요.

learn 배우다

Spanish 스페인어

stay 머무르다

go surfing 서핑 하러 가다

leave 떠나다, 출발하다

thrilled 신이 난

My Special Vacation

Q 남자아이는 여름 방학에 무엇을 할까요?

What are you going to do during summer vacation?

I am going to learn Spanish. How about you?

I am going to go to Hawaii. My uncle lives there.

하루 구문

(의문사 +) Be동사 + 주어 + going to + 동사원형 ~?
…는 (무엇을/언제 등) ~할 거니?

주어의 미래 계획을 묻는 표현이에요. 의문사가 없으면 주어와 be동사의
위치를 바꾸고, 의문사가 있으면 의문사를 문장의 맨 앞에 써요.

be동사로 물을 때는 Yes나 No로
대답하고, 의문사로 물을 때는 Yes나
No가 아니라 의문사에 맞게 대답해요.

Are you going to stay at your uncle's house?

Yes, I am. We are going to go surfing together.

When are you going to leave?

I am going to leave next Saturday. I am so thrilled!

Let's Check

정답 3쪽

글의 내용과 일치하도록 빈칸에 알맞은 것을 고르세요.

1. The girl is going to learn _____ during summer vacation.
   ⓐ Korean   ⓑ Spanish   ⓒ English

2. The boy is going to leave for Hawaii _____.
   ⓐ today   ⓑ tomorrow   ⓒ next Saturday

Let's Practice 집중 연습

 그림에 알맞은 단어를 찾아 동그라미 한 후 빈칸에 쓰세요.

s u t h r i l l e d y o p l e a v e j m f l e a r n s d

1.

2.

3.

B 그림에 알맞은 단어나 어구를 보기 에서 골라 문장을 완성하세요.

| 보기 | stay | Spanish | go surfing |

1.

I am going to learn _____.

2.

We are going to _____ together.

▶정답 3쪽

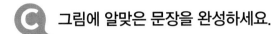 그림에 알맞은 문장을 완성하세요.

1.

When ⬜⬜⬜⬜⬜⬜⬜ leave?

그녀는 언제 떠날 거니?

2.

⬜⬜⬜⬜⬜⬜ go to Hawaii?

그들은 하와이에 가실 거니?

 그림에 맞게 단어나 어구를 바르게 배열하여 문장을 쓰세요.

1.

(stay / he / at his uncle's house / Is / going to)

_____

그는 그의 삼촌 댁에서 머물 거니?

2.

(going to / What / you / during summer vacation / are / do)

_____

너는 여름 방학 동안 무엇을 할 거니?

완벽한 계획

여행 계획

The Perfect Plan

📦 **재미있는 이야기로 오늘 읽을 글의 내용을 생각해 보세요.**

New Words 오늘 배울 단어를 듣고 써 보세요.

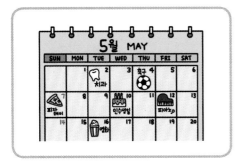

plan 계획, 계획하다

explore 탐험하다

cave 동굴

relax 쉬다, 휴식을 취하다

woods 숲

perfect 완벽한

The Perfect Plan

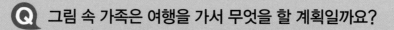

Q 그림 속 가족은 여행을 가서 무엇을 할 계획일까요?

My parents and I are planning to take a day trip
this Sunday. This is our plan.

In the morning, we are planning to catch fish
in the river.

In the afternoon, we are planning to explore the caves.

In the evening, we are planning to relax in the woods.

하루 구문

주어 + be동사 + planning to + 동사원형 ~.
…는 ~할 계획이야.

주어가 미래에 할 일에 관해 계획을 세우고 있다는 것을 말하는 표현으로,
be동사는 주어의 인칭과 수에 따라 달라져요.

plan과 같이 「단모음+단자음」으로
끝나는 동사는 마지막 자음을
한 번 더 쓰고 ing를 붙여요.

What do you think? It sounds perfect, right?
It is going to be a lot of fun.

정답 4쪽

글의 내용과 일치하도록 괄호 안에서 알맞은 것을 골라 동그라미 하세요.

1. The family is planning to (take a day trip / have a birthday party) this Sunday.

2. The family is planning to (explore the caves / relax in the woods) in the evening.

Let's Practice 집중 연습

A 그림에 알맞은 단어가 되도록 알파벳을 바르게 배열하여 쓰세요.

1.

v a e c

2.

s o w d o

3.

a r x e l

B 그림에 알맞은 단어를 보기 에서 골라 문장을 완성하세요.

보기   plan   perfect   explore

1.

We are planning to _____ the caves.

2.

It sounds _____, right?

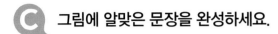

C 그림에 알맞은 문장을 완성하세요.

1.

I

the caves.

나는 동굴을 탐험할 계획이야.

2.

We

in the woods.

우리는 숲에서 쉴 계획이야.

D 그림에 맞게 단어나 어구를 바르게 배열하여 문장을 쓰세요.

1.

(catch fish / She / in the river / is planning to)

_____

그녀는 강에서 물고기를 잡을 계획이야.

2.

(are planning to / this Sunday / take a trip / They)

_____

그들은 이번 일요일에 여행을 갈 계획이야.

외계인 젤로
Jello, the Alien 1~4일 복습

📦 **재미있는 이야기로 오늘 읽을 글의 내용을 생각해 보세요.**

New Words 오늘 배울 단어를 듣고 써 보세요.

alien 외계인, 우주인

human 인간, 사람

furniture 가구

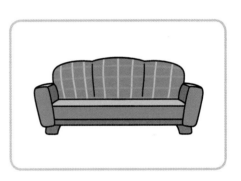

couch 긴 의자, 소파

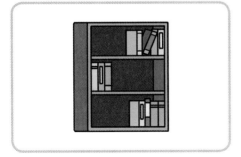

bookcase 책장

vehicle 탈것

Jello, the Alien

Q 외계인 젤로는 무엇을 살 계획일까요?

Jello is an alien.

He likes Earth and humans.

So he is planning to live on Earth.

하루 구문 복습!

주어 + be동사 + **going to** + 동사원형 ~.	…는 ~할 거야.
주어 + be동사 + **not going to** + 동사원형 ~.	…는 ~하지 않을 거야.
(의문사+) **Be**동사 + 주어 + **going to** + 동사원형 ~?	…는 (무엇을/언제 등) ~할 거니?
주어 + be동사 + **planning to** + 동사원형 ~.	…는 ~할 계획이야.

Tomorrow he is going to go shopping.

He is going to buy some clothes.

Is he going to buy any furniture?

Yes, he is. He needs a couch and a bookcase.

But he is not going to buy a car.

He has his own vehicle.

정답 5쪽

Let's Check

문장을 읽고 글의 내용과 일치하면 T, 일치하지 않으면 F에 동그라미 하세요.

1. Jello is planning to live on Earth.　　　　T　F

2. Jello is going to go camping tomorrow.　　T　F

3. Jello is not going to buy a couch.　　　　T　F

Let's Practice 집중 연습

A 그림에 알맞은 단어를 찾아 동그라미 한 후 빈칸에 쓰세요.

i g c o u c h y u b o o k c a s e a v q h u m a n c d r

1.

2.

3.

B 그림에 알맞은 단어를 보기 에서 골라 문장을 완성하세요.

보기   vehicle   furniture   alien

1.

Kong is an _____.

2.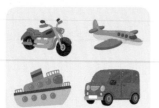

He has his own _____.

▶정답 5쪽

C 그림에 알맞은 문장을 완성하세요.

1.

I ▢▢▢ ▢▢▢▢ ▢▢ ▢▢ on Earth.

나는 지구에서 살 계획이야.

2.

We ▢▢ ▢▢▢ ▢▢ ▢▢ some clothes.

우리는 옷을 좀 살 거야.

D 그림에 맞게 단어나 어구를 바르게 배열하여 문장을 쓰세요.

1.

(going to / not / buy a car / is / She)

_____

그녀는 자동차를 사지 않을 거야.

2.

(buy / Are / going to / they / any furniture)

_____

그들은 가구를 살 거니?

1 단어에 알맞은 그림을 고르세요.

furniture

①  ②

③   ④

2 그림에 알맞은 단어를 고르세요.

① alien
② vehicle
③ project
④ explore

3 우리말에 맞게 빈칸에 알맞은 것을 고르세요.

내 여동생이 나를 도와줄 거야.
My sister ＿＿＿＿＿＿＿＿＿＿ me.

① is going to help
② is going to helps
③ are going to help
④ is not going to help

4 그림을 보고, 알맞은 문장의 기호를 쓰세요.

ⓐ When are you going to leave?
ⓑ She is not going to practice soccer.
ⓒ I am planning to relax in the woods.

(1)  (2)

[5~6] 다음 글을 읽고, 물음에 답하세요.

My name is Diego.

After school I am going to bake some muffins with my dad.

My grandma is in the hospital.

우리는 그녀에게 머핀을 가져갈 거야.

She loves my muffins.

5 윗글의 밑줄 친 우리말에 맞게 문장을 완성하세요.

We _____ _____ _____

_____ the muffins to her.

6 윗글의 내용과 일치하지 <u>않는</u> 것을 고르세요.

① 글쓴이의 이름은 디에고이다.

② 글쓴이는 주말에 머핀을 구울 것이다.

③ 글쓴이의 할머니는 병원에 입원 중이시다.

④ 글쓴이의 할머니는 글쓴이의 머핀을 매우 좋아하신다.

[7~8] 다음 글을 읽고, 물음에 답하세요.

A: What are you going to do during summer vacation?

B: I am going to learn Spanish. How about you?

A: I am going to go to Hawaii. My uncle lives there.

B: _____

A: Yes, I am. We are going to go surfing together.

7 그림에 맞게 윗글의 빈칸에 알맞은 문장을 완성 하세요.

_____ _____ _____

_____ _____ at your uncle's

house?

8 윗글의 주제로 알맞은 것을 고르세요.

① 여름 방학 계획

② 지난 방학에 한 일

③ 하와이 관광 명소

④ 서핑을 잘하는 방법

배운 내용을 떠올리며 말판 놀이를 해 보세요.

START

1. 그림을 보고 알맞은 단어에 동그라미 하세요.

take　finish

2. 그림에 알맞은 단어를 완성하세요.

☐er☐e☐t

5. 그림과 단어가 일치하면 ○ 표, 일치하지 않으면 × 표 하세요.

bookcase ☐

4. 그림을 보고 알파벳을 바르게 배열하여 단어를 쓰세요.

elvae　→ _____

3. 어구를 읽고 알맞은 우리말 뜻과 연결하세요.

hand in ·　· 서핑 하러 가다

go surfing ·　· 제출하다

6. 문장을 읽고 알맞은 그림에 동그라미 하세요.

> He is going to price items.

7. 우리말에 맞게 문장을 완성하세요.

> 나는 이번 주말에 게임을 하지 않을 거야.

> I _____ _____ _____ _____ play games this weekend.

9. 그림과 문장이 일치하면 ○ 표, 일치하지 않으면 × 표 하세요.

> After school they are going to have a garage sale.

8. 우리말에 맞게 괄호 안에서 알맞은 것을 골라 동그라미 하세요.

> 우리는 내일 동굴을 탐험할 계획이야.

> We are planning (explore / to explore) the caves tomorrow.

10. 우리말에 맞게 단어나 어구를 바르게 배열하여 문장을 쓰세요.

> 너는 그곳에서 머물 거니?

> (stay / Are / going to / you / there)
> → _____

A 글자 미로를 빠져나가며 그림에 알맞은 단어를 찾아 쓰세요.

1.

출발 → ... 도착 ↑

t	a	q	e	u	m	e	n
h	l	c	g	g	n	l	i
r	i	b	f	x	o	k	s
p	l	l	e	v	e	v	t
s	i	n	d	s	t	i	n
z	a	e	l	r	a	t	u
c	r	n	c	r	e	b	k

2.

3.

4.

B 단서 를 보고 단어를 완성한 후, 색깔이 같은 네모 안의 알파벳을 모아 문장을 완성하세요.

단서

1. ◻ t a y

2. i t ◻ m

3. p l ◻ n

4. ◻ e h i ◻ l e

We are planning to explore the ◻ ◻ ◻ ◻ ◻ .

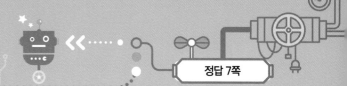
C 버디가 흩어진 카드에서 단어를 골라 문장을 써야 해요. 알리의 힌트를 읽고 버디가 써야 할 문장을 알아내 빈칸에 쓰세요.

going   is   posters   do

did   makes   ?

make   ·

to

does   Do   Alli

Did   not   Is   made   Does

1. 주어는 Alli이고 목적어는 posters야.
2. 현재의 일을 나타내는 문장은 아니야.
3. 과거의 일을 나타내는 문장도 아니야.
4. 부정의 뜻을 나타내지 않아.
5. 주어가 문장의 맨 앞에 있지 않아.
6. 카드는 모두 7장을 골라야 해.

아하, 알겠다!

문장은 _____

_____ 야.

Step A

그림 단서를 보고 보기 에서 알맞은 단어를 골라 퍼즐을 완성하세요.

보기   couch   human   alien   vehicle

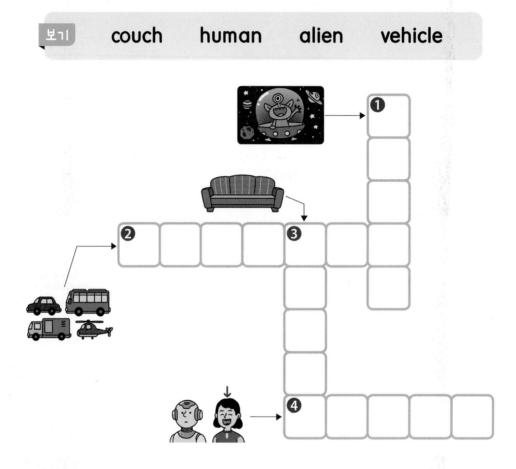

Step B

Step A 의 단어를 사용하여 글을 완성하세요.

Jello is an _____.

He likes Earth and _____s.

So he is planning to live on Earth.

Tomorrow he is going to go shopping.

He is going to buy some clothes.

Is he going to buy any furniture?

Yes, he is. He needs a _____ and a bookcase.

But he is not going to buy a car.

He has his own _____.

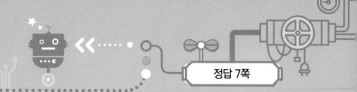

Step C 단서 를 보고 암호를 풀어 문장을 쓰세요.

단서   ※ = not   ★ = he   ◎ = to   ♥ = is/Is   ♧ = going

1. He ♥ ※ ♧ ◎ buy a car.

_____

그는 자동차를 사지 않을 거야.

2. ♥ ★ ♧ ◎ buy any furniture?

_____

그는 가구를 살 거니?

창의 서술형

✎ 여러분이 지구에 온 외계인이라고 상상하며 글을 완성하세요.

My name is _____.
I am an alien.
I am planning to live on Earth.
Tomorrow I am going to go shopping.

I am going to buy _____.
Am I going to buy any _____?
Yes, I am. I need _____.
But I am not going to buy any _____.

2주에는 무엇을 공부할까? ❶

재미있는 이야기로 이번 주에 공부할 내용을 알아보세요.

Living Together 함께 살기

1일 Friendship Forever!   2일 An Amazing Team   3일 Volunteering

4일 Safety Rules   5일 We Are the World

A

◉ 여러분이 잘하는 것을 말해 보세요.

I am good at ~. 나는 ~를 잘해.

playing rugby

taking pictures

picking tomatoes

speaking Spanish

(YOU)

B

차 조심하고 꼭 횡단보도로 건너야 해.

알았어. 걱정 마셔.

하하. 나는 안전 수칙을 잘 지킨다고.

으악!

2
주

● 여러분이 실천하고 있는 안전 수칙에 모두 ✓ 표 해 보세요.

You must ~. 너는 ~해야 해.

wear your helmet

use the crosswalk

stop at a red light

watch out for the cars

영원한 우정!

우정

Friendship Forever!

📦 재미있는 이야기로 오늘 읽을 글의 내용을 생각해 보세요.

New Words 오늘 배울 단어를 듣고 써 보세요.

letter 편지

push 밀다

wheelchair 휠체어

carry 들고 가다

share 나누다, 나눠 주다

comic book 만화책

Friendship Forever!

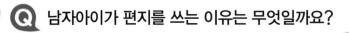

Q 남자아이가 편지를 쓰는 이유는 무엇일까요?

Dear Sally,

I want to say thank you,
so I am writing this letter.

I cannot walk.
But that does not matter.
You are always there for me.

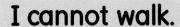
하루 구문

Thank you for + 동사원형ing ~. ~해 줘서 고마워.

상대방이 나에게 해 준 행동에 대해 고맙다고 말하는 표현이에요. for 뒤에
동사가 올 때는 동사원형에 ing를 붙인 형태로 써야 해요.

for는 이유를 나타내는 전치사이고,
for 뒤에 쓰인 「동사원형ing」의
형태를 '동명사'라고 불러요.

Thank you for pushing my wheelchair.

Thank you for carrying my heavy bag.

Thank you for sharing your comic books.

Most of all, thank you for being my best friend.

I am so lucky.

Love,

Jake

 Let's Check

정답 8쪽

문장을 읽고 글의 내용과 일치하면 T, 일치하지 않으면 F에 동그라미 하세요.

1. Jake wants to say thank you to Sally.   T F

2. Sally carries Jake's heavy lunch box.   T F

3. Jake and Sally are best friends.   T F

Let's Practice 집중 연습

A 그림에 알맞은 단어를 찾아 동그라미 한 후 빈칸에 쓰세요.

1.

u z p u s h b x

2.

h c a r r y b r

3.

w m k s h a r e

B 그림에 알맞은 단어를 보기 에서 골라 문장을 완성하세요.

보기   letter   wheelchair   comic book

1.

I am writing this _____.

2.

Thank you for sharing your _____s.

C 그림에 알맞은 문장을 완성하세요.

1.

Thank you _____ my friend.

내 친구가 되어 줘서 고마워.

2.

Thank you _____ my bag.

내 가방을 들어 줘서 고마워.

D 그림에 맞게 단어나 어구를 바르게 배열하여 문장을 쓰세요.

1.

(pushing / for / my wheelchair / Thank you)

_____

내 휠체어를 밀어 줘서 고마워.

2.

(sharing / Thank you / your comic books / for)

_____

네 만화책을 나눠 줘서 고마워.

멋진 팀
An Amazing Team
안내견

🎁 **재미있는 이야기로 오늘 읽을 글의 내용을 생각해 보세요.**

New Words

오늘 배울 단어나 어구를 듣고 써 보세요.

guide dog 안내견

lead 안내하다, 이끌다

cross 건너다

get on (버스 등에) 타다

calm 침착한, 차분한

team 팀

An Amazing Team

Q 그림 속 개는 여자아이에게 어떤 도움을 줄까요?

This is Kate.

This is her guide dog, Toby.

Kate cannot see.

But with Toby, she can go everywhere.

What a nice day!

Let's go, Toby.

하루 구문

What a/an + 형용사 + 명사! 정말 ~한 …야!

어떤 대상에 관해 감탄을 나타내는 문장으로, '감탄문'이라고 불러요.
감탄문은 문장의 끝에 느낌표(!)를 붙여야 해요.

> guide dog는 시각 장애인을 안전하게
> 인도하도록 훈련 받은 개를 말하며,
> seeing eye dog라고도 해요.

What a busy street! Toby leads me safely.

With Toby, I can cross the street. What a smart dog!

Toby can get on the bus with me. What a calm dog!

Here we are. We are an amazing team.

정답 9쪽

Let's Check

글의 내용과 일치하도록 괄호 안에서 알맞은 것을 골라 동그라미 하세요.

1. Toby is Kate's (guide dog / friend's dog).

2. Toby is a very (busy / smart) dog.

3. Toby (can / cannot) get on the bus with Kate.

Let's Practice 집중 연습

 A 그림에 알맞은 단어가 되도록 알파벳을 바르게 배열하여 쓰세요.

1.

s c o s r

2.

a c m l

3.

m t a e

B 그림에 알맞은 단어나 어구를 보기 에서 골라 문장을 완성하세요.

보기　　get on　　guide dog　　lead

1.

This is Ted's _____.

2.

She _____s me safely.

C 그림에 알맞은 문장을 완성하세요.

1.

nice day!

정말 좋은 날씨야!

2.

smart dog!

정말 똑똑한 개야!

D 그림에 맞게 단어를 바르게 배열하여 문장을 쓰세요.

1.

(a / street / What / busy)

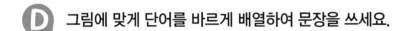

너무 혼잡한 거리야!

2.

(calm / a / girl / What)

_____

정말 차분한 소녀야!

똑똑한 하루
3일
Reading

자원봉사 하기

재능 기부

Volunteering

💿 **재미있는 이야기로 오늘 읽을 글의 내용을 생각해 보세요.**

New Words 오늘 배울 단어를 듣고 써 보세요.

volunteer 자원봉사 하다

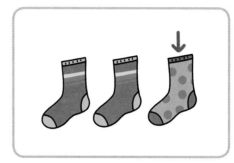

different 다른

teach 가르치다

kid 아이

nursing home 요양원

neighborhood 이웃

Volunteering

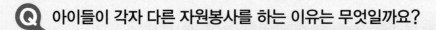

Q 아이들이 각자 다른 자원봉사를 하는 이유는 무엇일까요?

Tony and his friends volunteer every Sunday.

They are good at different things.

So they help in their own ways.

Tony is good at playing soccer.

He teaches soccer to younger kids.

하루 구문

주어 + be동사 + good at + 동사원형ing ~.
…는 ~를 잘해.

주어가 어떤 것을 잘한다고 말하는 표현이에요. 전치사 at 뒤에 동사가
올 때는 동사원형에 ing를 붙인 동명사의 형태로 써야 해요.

They are good at different things.와 같이 be good at 뒤에 명사가 올 수도 있어요.

Olivia is good at singing.

She sings in a nursing home.

David is good at painting.

He paints the walls around

his neighborhood.

They all love doing their volunteer work.

Let's Check

정답 10쪽

글의 내용과 일치하도록 빈칸에 알맞은 것을 고르세요.

1. Olivia is good at _____.

   ⓐ singing   ⓑ painting   ⓒ playing soccer

2. Tony and his friends like _____ very much.

   ⓐ shopping   ⓑ volunteering   ⓒ teaching

Let's Practice 집중 연습

A 그림에 알맞은 단어를 찾아 동그라미 한 후 빈칸에 쓰세요.

f s g t e a c h m z v o l u n t e e r y w b k i d a f d

1.

2.

3.

B 그림에 알맞은 단어를 보기 에서 골라 문장을 완성하세요.

보기   neighborhood   nursing home   different

1.

   She sings in a _____.

2.

   He paints the walls around his
   _____.

▶정답 10쪽

C 그림에 알맞은 문장을 완성하세요.

1.

Kate ⬜⬜⬜⬜⬜⬜⬜⬜⬜.

케이트는 노래를 잘 불러.

2.

I ⬜⬜⬜⬜⬜⬜⬜ soccer.

나는 축구를 잘해.

D 그림에 맞게 단어나 어구를 바르게 배열하여 문장을 쓰세요.

1.

(cookies / is good at / Sam / baking)

_____

샘은 쿠키를 잘 구워.

2.

(are good at / painting / My friends)

_____

내 친구들은 그림을 잘 그려.

안전 수칙

Safety Rules

안전

📦 **재미있는 이야기로 오늘 읽을 글의 내용을 생각해 보세요.**

New Words 오늘 배울 단어나 어구를 듣고 써 보세요.

accident 사고

follow (규칙을) 따르다

important 중요한

safety 안전

watch out for ~를 조심하다

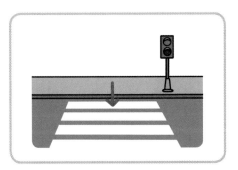

crosswalk 횡단보도

Safety Rules

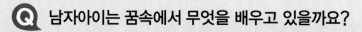

Q 남자아이는 꿈속에서 무엇을 배우고 있을까요?

Mike lives in a very big city.

There is a lot of danger around him.

Yesterday he played on the street and got in an accident.

He did not follow the safety rules.

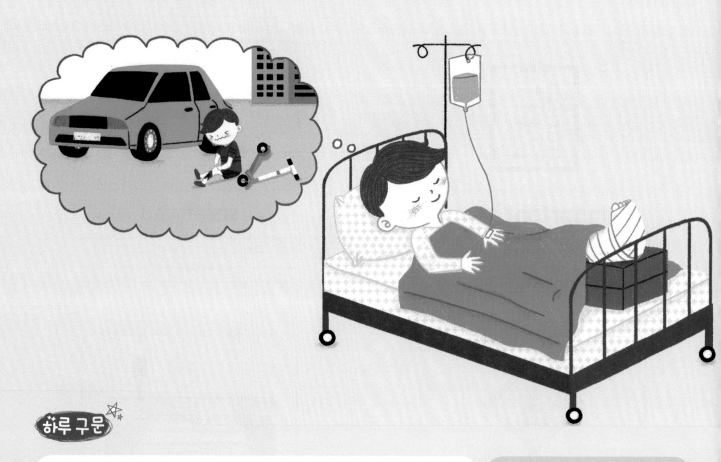

하루 구문

You must + 동사원형 ~. 너는 ~해야 해.

상대방에게 무엇을 반드시 해야 한다고 강하게 말하는 표현이에요. 이때 must는 '~해야 하다'라는 뜻으로 의무나 충고를 나타내는 조동사이며 뒤에는 동사원형을 써야 해요.

조동사는 동사의 원래 의미에 능력(can), 미래(will), 허락(may) 등의 의미를 덧붙여 주는 말이에요.

Now he is learning some important safety rules.

You must watch out for the cars.

You must stop at a red light.

You must use the crosswalk.

You must wear your helmet.

 Let's Check

정답 11쪽

문장을 읽고 글의 내용과 일치하면 Ⓣ, 일치하지 않으면 Ⓕ에 동그라미 하세요.

1. There is no danger around Mike.   Ⓣ   Ⓕ

2. Mike followed the safety rules yesterday.   Ⓣ   Ⓕ

3. Mike must stop at a red light.   Ⓣ   Ⓕ

Let's Practice 집중 연습

A 그림에 알맞은 단어가 되도록 알파벳을 바르게 배열하여 쓰세요.

1.

t s e a y f

_____

2.

s k r s w o a l c

_____

3.

n i r p t a o t m

_____

B 그림에 알맞은 단어나 어구를 보기 에서 골라 문장을 완성하세요.

보기　　　accident　　　follow　　　watch out for

1.

Yesterday he got in an _____.

2.

You must _____ the safety rules.

C 그림에 알맞은 문장을 완성하세요.

1.

You ⬚⬚⬚⬚ ⬚⬚⬚⬚ your helmet.

너는 헬멧을 써야 해.

2.

You ⬚⬚⬚⬚ ⬚⬚⬚⬚ at a red light.

너는 빨간불에서 멈춰 서야 해.

D 그림에 맞게 단어나 어구를 바르게 배열하여 문장을 쓰세요.

1.

(use / must / the crosswalk / You)

_____

너는 횡단보도를 이용해야 해.

2.

(the cars / You / watch out for / must)

_____

너는 자동차를 조심해야 해.

우리는 세계야

We Are the World 1~4일 복습

🎁 **재미있는 이야기로 오늘 읽을 글의 내용을 생각해 보세요.**

New Words 오늘 배울 단어를 듣고 써 보세요.

culture 문화

skin 피부

respect 존중하다

trumpet 트럼펫

rugby 럭비

chef 요리사

We Are the World

 아이들과 선생님은 어느 나라에서 왔을까요?

We have the whole world in our class.

We are from different cultures.

We have different skin colors.

But we are all friends.

We love and respect each other.

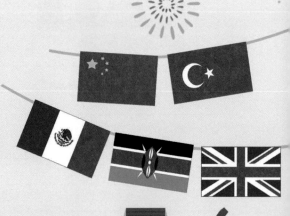

하루 구문 복습!

Thank you for + 동사원형**ing ~.** ~해 줘서 고마워.	**What a/an +** 형용사 **+** 명사**!** 정말 ~한 …야!
주어 **+ be**동사 **+ good at +** 동사원형**ing ~.** …는 ~를 잘해.	**You must +** 동사원형 **~.** 너는 ~해야 해.

Amara is good at playing the trumpet.

 Wonderful, Amara!

Lucas is a rugby player.

 What a fast boy!

Min wants to be a chef.

 You must practice harder, Min.

This is Ms. Pamuk.

 Thank you for teaching us.

Let's Check

정답 12쪽

글의 내용과 일치하도록 괄호 안에서 알맞은 것을 골라 동그라미 하세요.

1. The students are from different (cultures / schools).

2. Lucas runs really (slowly / fast).

3. Ms. Pamuk is a (teacher / chef).

Let's Practice 집중 연습

A 그림에 알맞은 단어를 찾아 동그라미 한 후 빈칸에 쓰세요.

1.

i h c h e f y f z

2.
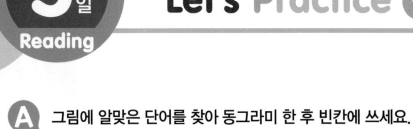

c o e r u g b y l

3.

t r u m p e t z i

B 그림에 알맞은 단어를 보기 에서 골라 문장을 완성하세요.

보기   respect   culture   skin

1.

We have different _____ colors.

2.

We love and _____ each other.

C 그림에 알맞은 문장을 완성하세요.

1.

What a   !

정말 빠른 소년이야!

2.

Thank you   us.

저희를 가르쳐 주셔서 감사합니다.

D 그림에 맞게 단어나 어구를 바르게 배열하여 문장을 쓰세요.

1.

(practice / You / harder / must)

_____

너는 더 열심히 연습해야 해.

2.

(is good at / the trumpet / She / playing)

_____

그녀는 트럼펫을 잘 불어.

1 단어에 알맞은 그림을 고르세요.

lead

①  ②

③   ④

2 그림에 알맞은 단어를 고르세요.

① team
② accident
③ volunteer
④ neighborhood

3 우리말에 맞게 빈칸에 알맞은 것을 고르세요.

너는 빨간불에서 멈춰 서야 해.

You _____ stop at a red light.

① can
② will
③ must
④ are going to

4 그림을 보고, 알맞은 문장의 기호를 쓰세요.

ⓐ What a calm girl!
ⓑ She is good at singing.
ⓒ Thank you for carrying my books.

(1)   (2)

[5~6] 다음은 제이크가 샐리에게 쓴 편지의 일부입니다. 글을 읽고, 물음에 답하세요.

Dear Sally,

I want to say thank you, so I am writing this letter.

Thank you for pushing my wheelchair. Thank you for carrying my heavy bag. Thank you for share your comic books. Most of all, thank you for being my best friend.

5 윗글의 밑줄 친 share를 바르게 고쳐 쓰세요.

share → _____

6 윗글에서 샐리가 제이크를 위해 하는 일이 <u>아닌</u> 것을 고르세요.

① 휠체어 밀어 주기

② 가방 들어 주기

③ 편지 부쳐 주기

④ 제일 친한 친구 되어 주기

[7~8] 다음 글을 읽고, 물음에 답하세요.

Yesterday Minsu played on the street and got in an accident.

He did not follow the safety rules.

Now he is learning some important safety rules.

You must watch out for the cars.
You must stop at a red light.

_____

You must wear your helmet.

7 그림에 맞게 윗글의 빈칸에 알맞은 문장을 괄호 안의 단어를 이용하여 완성하세요.

You _____ _____ the _____. (use)

8 윗글의 내용과 일치하지 <u>않는</u> 것을 고르세요.

① 민수는 어제 사고를 당했다.

② 민수는 어제 안전 수칙을 지키지 않았다.

③ 민수는 지금 안전 수칙에 관해 배우고 있다.

④ 민수는 오늘 새 헬멧을 사야 한다.

🧩 배운 내용을 떠올리며 말판 놀이를 해 보세요.

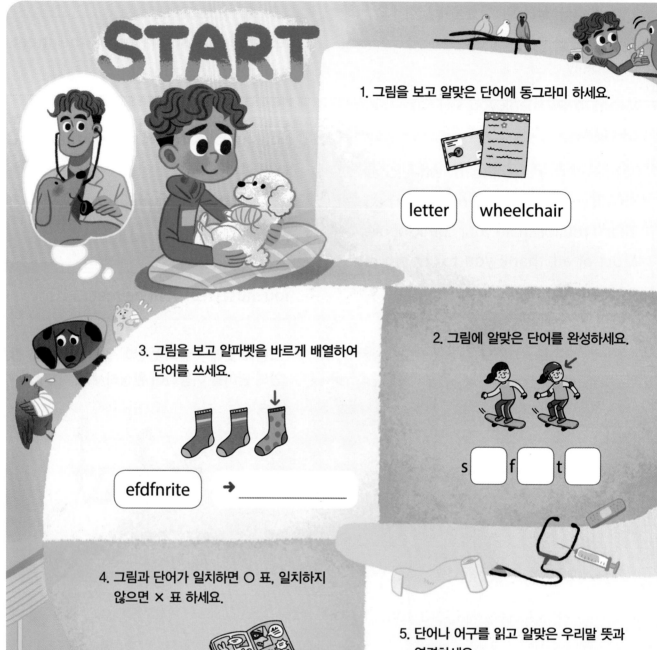

START

1. 그림을 보고 알맞은 단어에 동그라미 하세요.

letter   wheelchair

3. 그림을 보고 알파벳을 바르게 배열하여 단어를 쓰세요.

efdfnrite → _____

2. 그림에 알맞은 단어를 완성하세요.

s ☐ f ☐ t ☐

4. 그림과 단어가 일치하면 ○ 표, 일치하지 않으면 × 표 하세요.

comic book ☐

5. 단어나 어구를 읽고 알맞은 우리말 뜻과 연결하세요.

get on •   • (버스 등에) 타다

volunteer •   • 자원봉사 하다

8. 우리말에 맞게 괄호 안에서 알맞은 것을 골라 동그라미 하세요.

내 휠체어를 밀어 줘서 고마워.

Thank you for (push / pushing) my wheelchair.

7. 그림을 보고 괄호 안의 단어를 이용하여 문장을 완성하세요.

I _____ good at _____. (cook)

6. 문장을 읽고 알맞은 그림에 동그라미 하세요.

He is good at playing rugby.

9. 그림을 보고 알맞은 문장에 ✓ 표 하세요.

You must wear your helmet. ☐

You must watch out for the cars. ☐

10. 우리말에 맞게 단어를 바르게 배열하여 문장을 쓰세요.

정말 좋은 날씨야!

(a / day / What / nice)

→ _____

 A 단서 를 보고 스도쿠 퍼즐을 풀어 ♣, ♦, ★ 칸에 들어갈 알맞은 단어를 쓰세요.

단서 1 = carry   2 = follow   3 = nursing home   4 = important

 가로줄과 세로줄에 1부터 4까지의 숫자를 겹치지 않도록 한 번씩만 써서 채워 넣어야 해.

3		♣	2
	4	1	
♦	3	2	4
4	★		1

♣ ➡ _____

♦ ➡ _____

★ ➡ _____

B 다음 표에는 한글 자음이 숨겨져 있어요. 그림과 단어가 일치하는 칸에 색칠하여 숨겨진 한글 자음을 찾아 쓰세요.

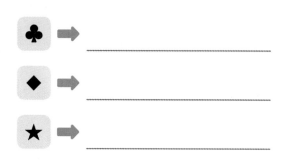

cross	share	kid
skin	guide dog	push
respect	calm	wheelchair

한글 자음: _____

C 자전거를 타러 가려는 버디에게 알리가 비밀 편지를 썼어요. 힌트 를 보고 암호를 풀어 편지를 완성하세요.

	A	B	C	D
1	d	k	e	u
2	n	a	g	i
3	x	t	p	s
4	m	j	h	l
5	z	o	b	W

힌트

3B 1C 2B 4A

team

Dear Birdy,

5D 4C 2B 3B   2B   nice day!

You are   2C 5B 5B 1A   2B 3B   riding a bike.

But you   4A 1D 3D 3B   wear your helmet.

↓

Dear Birdy,

_____ _____ nice day!

You are _____ _____ riding a bike.

But you _____ wear your helmet.

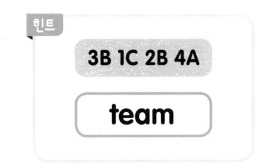

Step A

그림 단서를 보고 보기 에서 알맞은 단어를 골라 퍼즐을 완성하세요.

보기 chef trumpet culture rugby

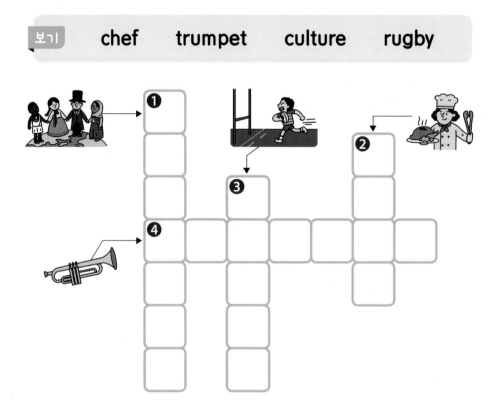

Step B

Step A 의 단어를 사용하여 글을 완성하세요.

We have the whole world in our class. We are from different _____s. We have different skin colors. But we are all friends. We love and respect each other. Amara is good at playing the _____.

👧 Wonderful, Amara!
Lucas is a _____ player.
👧 What a fast boy!
Min wants to be a _____.
👧 You must practice harder, Min. This is Ms. Pamuk.
👧 Thank you for teaching us.

Step C

단서 를 보고 암호를 풀어 문장을 쓰세요.

단서   ⊙ = a   ■ = at   ☆ = What   ◆ = playing   ♡ = good

1. ☆ ⊙ fast boy!

_____

정말 빠른 소년이야!

2. Amara is ♡ ■ ◆ the trumpet.

_____

아마라는 트럼펫을 잘 불어.

창의 서술형

✏️ 여러분의 학급 친구들과 담임 선생님을 소개하는 글을 완성하세요.

These are my classmates.

We are all different.

But we love and respect each other.

_____ is good at ____

_____ .

_____ is a _____ player.

What a _____ _____!

_____ wants to be a _____.

You must practice harder, _____.

This is Mr./Ms. _____.

Thank you for _____ us.

3주에는 무엇을 공부할까? ❶

🎁 재미있는 이야기로 이번 주에 공부할 내용을 알아보세요.

3주

A

◉ 여러분이 최근에 결심한 것을 말해 보세요.

I decided to ~. 나는 ~하기로 결심했어.

study hard

volunteer

go camping

become an artist

(YOU)

B

● 여러분이 평소에 즐겨 하는 것을 말해 보세요.

I enjoy ~. 나는 ~하는 것을 즐겨.

playing the piano

walking my dog

going to operas

doing yoga

(YOU)

이순신

위인 ①

Yi Sunsin

🎁 **재미있는 이야기로 오늘 읽을 글의 내용을 생각해 보세요.**

New Words 오늘 배울 단어를 듣고 써 보세요.

fight 싸우다

Japanese 일본인

save 구하다

admire 존경하다

hero 영웅

dragon 용

Yi Sunsin

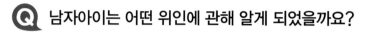

Q 남자아이는 어떤 위인에 관해 알게 되었을까요?

April 15, 20XX

Today I read a Korean history book about Yi Sunsin.

He made the Turtle Ship.

He fought against the Japanese.

And with the Turtle Ship, he saved his country.

하루 구문

주어 **+ sound/look like +** 명사 **~.** …는 ~처럼 들려/보여.

주어를 보거나 주어에 관해 들은 후 다른 것과 비교해서 자신의 의견이나
생각을 말하는 표현이에요.

sound나 look 뒤에 형용사가
오면 '~하게 들리다', '~해 보이다'라는
뜻을 나타내요.

He is really famous in Korea.

A lot of Koreans admire him.

He sounds like a true hero, right?

This is the Turtle Ship. It looks like a turtle.

Look at the head. It looks like a dragon's head.

정답 15쪽

글의 내용과 일치하도록 괄호 안에서 알맞은 것을 골라 동그라미 하세요.

1. The boy read a Korean (history / science) book today.

2. Yi Sunsin fought against the (Chinese / Japanese).

3. The head of the Turtle Ship looks like a (turtle / dragon's head).

Let's Practice 집중 연습

A 그림에 알맞은 단어를 찾아 동그라미 한 후 빈칸에 쓰세요.

a q J a p a n e s e t w z f i g h t j h d r a g o n b p

1.

2.

3.

B 그림에 알맞은 단어를 보기 에서 골라 문장을 완성하세요.

보기   admire   save   hero

1.

He _____d his country.

2.

A lot of Koreans _____ him.

C 그림에 알맞은 문장을 완성하세요.

1.

It _____ _____ a turtle.

그것은 거북이처럼 보여.

2.

He _____ _____ a true hero.

그는 진정한 영웅처럼 들려.

D 그림에 맞게 단어나 어구를 바르게 배열하여 문장을 쓰세요.

1.

(looks like / dragon's head / It / a)

_____

그것은 용의 머리처럼 보여.

2.

(a / sounds like / good idea / That)

_____

그것은 좋은 생각처럼 들려.

모차르트

위인 ②

Mozart

🎁 **재미있는 이야기로 오늘 읽을 글의 내용을 생각해 보세요.**

New Words　오늘 배울 단어를 듣고 써 보세요.

guest 게스트, 출연자

Austria 오스트리아

composer 작곡가

musician 음악가

opera 오페라

genius 천재

 Please welcome our guest, Mr. Mozart!

 You are from Austria, aren't you?

Yes, I am.

하루 구문

주어 + 동사 ~, 부가의문문? …는 ~야/해, 그렇지 않니?

'부가의문문'은 이미 알고 있는 내용을 상대방에게 확인하기 위해 문장 뒤에 덧붙이는 의문문이에요. 앞 문장과 긍정과 부정을 반대로 써요.

> 부가의문문에서는 앞 문장의 동사에 따라 be동사나 do/does/did를 쓰고, 주어는 대명사로 써야 해요.

You are a great composer. Who taught music to you?

My father did. He was a great musician, too.

We performed together.

I see. At 12, you wrote your first opera, didn't you?

Yes, I did.

Amazing! You are a genius, aren't you?

No, I am not. I worked really hard.

정답 16쪽

문장을 읽고 글의 내용과 일치하면 T, 일치하지 않으면 F에 동그라미 하세요.

1. Mr. Mozart is from Australia.　　T　F

2. At 12, Mr. Mozart wrote his first opera.　　T　F

3. Mr. Mozart did not work hard.　　T　F

Let's Practice 집중 연습

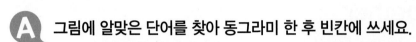

A 그림에 알맞은 단어를 찾아 동그라미 한 후 빈칸에 쓰세요.

1.

f A u s t r i a p

2.

n v o p e r a u

3.

c o m p o s e r n

B 그림에 알맞은 단어를 보기 에서 골라 문장을 완성하세요.

보기   **musician   genius   guest**

1.

Please welcome our _____!

2.

He was a great _____, too.

▶정답 16쪽

C 그림에 알맞은 문장을 완성하세요.

1.

You are from Austria, ⬛⬛⬛⬛ ⬛⬛⬛ ?

너는 오스트리아 출신이야, 그렇지 않니?

2.

She worked really hard, ⬛⬛⬛ ⬛⬛⬛ ?

그녀는 정말 열심히 일했어, 그렇지 않니?

D 그림에 맞게 단어나 어구를 바르게 배열하여 문장을 쓰세요.

1.

(a genius, / wasn't / He / he / was)

_____

그는 천재였어, 그렇지 않니?

2.

(she / her first opera, / She / didn't / wrote)

_____

그녀는 그녀의 첫 번째 오페라를 썼어, 그렇지 않니?

제인 구달

위인 ③

Jane Goodall

🎁 **재미있는 이야기로 오늘 읽을 글의 내용을 생각해 보세요.**

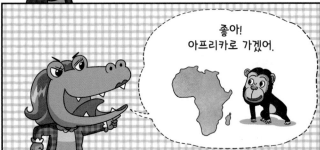

New Words 오늘 배울 단어를 듣고 써 보세요.

chimpanzee 침팬지

decide 결심하다

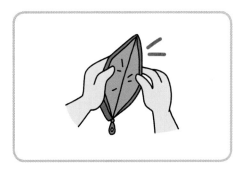

poor 가난한

university 대학

job 직업

quietly 조용히

Jane Goodall

Q 처음에 제인은 어떤 방법으로 침팬지를 연구했을까요?

Little Jane loved animals.

One day, her father gave a stuffed chimpanzee to her.

She got interested in chimpanzees and decided to study them.

She was poor. She could not go to university.

So she decided to go to Africa.

하루 구문

주어 + **decided to** + 동사원형 ~. ···는 ~하기로 결심했어.

주어가 과거에 결심했던 것을 나타내는 표현이에요. decide 뒤에 동사가 올 때는 「to+동사원형」의 형태로 써야 해요.

decide 뒤에 쓰인 「to+동사원형」을 'to부정사'라고 하는데 decide의 목적어로 쓰여요.

Luckily, she got a job and was able to study chimpanzees.
She sat quietly all day and watched them.
She decided to give a name to every chimpanzee.
Finally, she became their friend.

정답 17쪽

글의 내용과 일치하도록 괄호 안에서 알맞은 것을 골라 동그라미 하세요.

1. Jane decided to study (monkeys / chimpanzees).

2. Jane went to (Africa / America).

3. Jane gave a (present / name) to every chimpanzee.

Let's Practice 집중 연습

 그림에 알맞은 단어가 되도록 알파벳을 바르게 배열하여 쓰세요.

1.

l u t q y e i

_____

2.

e u i r t v s n i y

_____

3.

e c i a m h n z e p

_____

B 그림에 알맞은 단어를 보기 에서 골라 문장을 완성하세요.

보기   decide   job   poor

1.

She was _____.

2.

Luckily, she got a _____.

▶정답 17쪽

C 그림에 알맞은 문장을 완성하세요.

1.

She _____ _____ to Africa.

그녀는 아프리카에 가기로 결심했어.

2.

I _____ _____ chimpanzees.

나는 침팬지를 연구하기로 결심했어.

D 그림에 맞게 단어나 어구를 바르게 배열하여 문장을 쓰세요.

1.

(the lions / decided / all day / to watch / She)

_____

그녀는 하루 종일 그 사자들을 지켜보기로 결심했어.

2.

(decided / a name / He / to every dog / to give)

_____

그는 각 개에게 이름을 지어 주기로 결심했어.

빈센트 반 고흐

위인 ④

Vincent van Gogh

🎁 **재미있는 이야기로 오늘 읽을 글의 내용을 생각해 보세요.**

New Words   오늘 배울 단어를 듣고 써 보세요.

7

village 마을

artist 화가, 예술가

move 이사하다

country 시골

field 들판

sunflower 해바라기

Vincent van Gogh

Q 반 고흐가 어렸을 때 즐겨 하던 것은 무엇이었을까요?

Vincent van Gogh was born in 1853
in the Netherlands.
He lived in a small village and
enjoyed observing nature.
At 27, he decided to become an artist.

하루 구문

주어 + **enjoyed** + 동사원형**ing** ~. …는 ~하는 것을 즐겼어.

주어가 과거에 즐겨 했던 것을 나타내는 표현이에요. enjoy 뒤에 동사가
올 때는 동명사(동사원형ing)의 형태로 써야 해요.

네덜란드는 the Netherlands라고
쓰는데, 나라 이름 앞에 the를
쓴다는 것에 주의해야 해요.

In 1888, he moved to Arles, France.

He enjoyed living in the country.

He enjoyed painting fields and sunflowers in his own way.

Sadly, his art became popular only after his death.

Today, a lot of people love his paintings.

Let's Check

정답 18쪽

글의 내용과 일치하도록 빈칸에 알맞은 것을 고르세요.

1. Van Gogh was born in _____.

   ⓐ France   ⓑ the US   ⓒ the Netherlands

2. At 27, Van Gogh decided to become a _____.

   ⓐ painter   ⓑ teacher   ⓒ composer

 그림에 알맞은 단어를 찾아 동그라미 한 후 빈칸에 쓰세요.

t m o v e s a c o u n t r y k a s u n f l o w e r z y

1.

2.

3.

B 그림에 알맞은 단어를 보기 에서 골라 문장을 완성하세요.

보기   field   artist   village

1.

He lived in a small _____.

2.

She decided to become an _____.

C 그림에 알맞은 문장을 완성하세요.

1.

He _____ _____ nature.

그는 자연을 보는 것을 즐겼어.

2.

She _____ _____ in the country.

그녀는 시골에서 사는 것을 즐겼어.

D 그림에 맞게 단어나 어구를 바르게 배열하여 문장을 쓰세요.

1.

(enjoyed / fields and sunflowers / He / painting)

_____

그는 들판과 해바라기를 그리는 것을 즐겼어.

2.

(looking at / People / his paintings / enjoyed)

_____

사람들은 그의 그림을 보는 것을 즐겼어.

마더 테레사
Mother Teresa 1~4일 복습

🎁 재미있는 이야기로 오늘 읽을 글의 내용을 생각해 보세요.

마더 테레사에 관해 이야기해 줄게. 그녀는 18살에 수녀가 되었어.

이후 인도로 가서 여학생들을 가르쳤지. 그녀는 학교에서 가르치는 것을 즐겼어.

그런데 가난하고 아픈 사람들이 너무 많은 거야. 그래서 그녀는 그들을 위해 뭔가를 해야겠다고 결심했지.

배고픈 사람들에게 음식을 주고,

아픈 사람들을 돌봐 주었어.

그녀는 약자를 돕는 데 평생을 바쳤어.

1979년

1979년에는 노벨 평화상을 받았지. 정말 감동적인 이야기야, 그렇지 않니?

New Words 오늘 배울 단어나 어구를 듣고 써 보세요.

nun 수녀

care for ~를 돌보다

receive 받다

peace 평화

prize 상

touching 감동적인

3
주

Mother Teresa

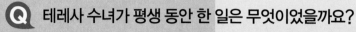

Q 테레사 수녀가 평생 동안 한 일은 무엇이었을까요?

This is the story of Mother Teresa.

At 18, she became a nun and later went to India.
She taught girls and enjoyed teaching.

하루 구문 복습!

주어 **+ sound/look like +** 명사 ~. …는 ~처럼 들려/보여.	주어 **+** 동사 ~, 부가의문문**?** …는 ~야/해, 그렇지 않니?
주어 **+ decided to +** 동사원형 ~. …는 ~하기로 결심했어.	주어 **+ enjoyed +** 동사원형**ing** ~. …는 ~하는 것을 즐겼어.

But there were many poor and sick people.

She decided to do something for them.

She fed the poor and cared for the sick.

She helped people her whole life.

In 1979, she received the Nobel Peace Prize.

It sounds like a touching story, doesn't it?

 Let's Check

정답 19쪽

문장을 읽고 글의 내용과 일치하면 ⓣ, 일치하지 않으면 ⓕ에 동그라미 하세요.

1.   Mother Teresa taught girls in India.   ⓣ ⓕ

2.   Mother Teresa helped people for only a few years.   ⓣ ⓕ

3.   Mother Teresa won the Nobel Peace Prize.   ⓣ ⓕ

Let's Practice 집중 연습

 그림에 알맞은 단어가 되도록 알파벳을 바르게 배열하여 쓰세요.

1.

i e p z r

2.

c e e a p

3.

e r e v e c i

B 그림에 알맞은 단어나 어구를 보기 에서 골라 문장을 완성하세요.
(필요한 경우 단어의 형태를 바꿔 쓰세요.)

보기   touching   nun   care for

1.

At 18, she became a _____.

2.

He fed the poor and _____ the sick.

▶정답 19쪽

C 그림에 알맞은 문장을 완성하세요.

1.

She _____.

그녀는 가르치는 것을 즐겼어.

2.

It _____ a touching story.

그것은 감동적인 이야기처럼 들려.

D 그림에 맞게 단어나 어구를 바르게 배열하여 문장을 쓰세요.

1.

(something / to do / He / for the dogs / decided)

_____

그는 그 개들을 위해 뭔가를 하기로 결심했어.

2.

(received / didn't / She / the Nobel Peace Prize, / she)

_____

그녀는 노벨 평화상을 받았어, 그렇지 않니?

1 단어에 알맞은 그림을 고르세요.

save

①  ②

③   ④

2 그림에 알맞은 단어를 고르세요.

① guest
② Japanese
③ university
④ composer

3 우리말에 맞게 빈칸에 알맞은 것을 고르세요.

그는 시골에서 사는 것을 즐겼어.

He enjoyed _____ in the country.

① live
② lives
③ living
④ to live

4 그림을 보고, 알맞은 문장의 기호를 쓰세요.

ⓐ He sounds like a true hero.
ⓑ I decided to become a chef.
ⓒ She studied chimpanzees, didn't she?

(1)  (2)

[5~6] 다음은 모차르트와의 인터뷰 내용 중 일부 입니다. 글을 읽고, 물음에 답하세요.

_____
Yes, I am.
You are a great composer. Who taught music to you?
My father did. He was a great musician, too.
I see. At 12, you wrote your first opera, didn't you?
Yes, I did.

[7~8] 다음 글을 읽고, 물음에 답하세요.

Jane Goodall was poor.

She could not go to university.

So she decided go to Africa.

Luckily, she got a job and was able to study chimpanzees.

She sat quietly all day and watched them.

She decided to give a name to every chimpanzee.

Finally, she became their friend.

3
주

5 그림에 맞게 윗글의 빈칸에 알맞은 문장을 완성 하세요.

You are from _____, _____ _____?

7 윗글의 밑줄 친 go를 바르게 고쳐 쓰세요.

go → _____

6 윗글을 읽고 알 수 없는 것을 고르세요.

① 모차르트에게 음악을 가르쳐 준 사람

② 모차르트 아버지의 직업

③ 모차르트가 첫 오페라를 썼던 나이

④ 모차르트가 쓴 첫 오페라의 제목

8 윗글의 내용과 일치하지 않는 것을 고르세요.

① 제인은 대학에 갈 수 없었다.

② 제인은 아프리카에서 침팬지를 연구했다.

③ 제인은 침팬지들을 동물원으로 데려왔다.

④ 제인은 각 침팬지에게 이름을 지어 주었다.

배운 내용을 떠올리며 말판 놀이를 해 보세요.

START

1. 그림을 보고 알맞은 단어에 동그라미 하세요.

country   musician

2. 그림에 알맞은 단어를 완성하세요.

r □ c □ □ ve

3. 단어나 어구를 읽고 알맞은 우리말 뜻과 연결하세요.

field •   • ~를 돌보다

care for •   • 들판

4. 그림을 보고 알파벳을 바르게 배열하여 단어를 쓰세요.

ungise → _____

5. 그림과 단어가 일치하면 〇 표, 일치하지 않으면 × 표 하세요.

touching □

8. 우리말에 맞게 괄호 안에서 알맞은 것을 골라 동그라미 하세요.

> 12살에 그는 그의 첫 오페라를 썼어, 그렇지 않니?

At 12, he wrote his first opera, (wasn't / didn't) he?

9. 그림과 문장이 일치하면 ○ 표, 일치하지 않으면 × 표 하세요.

He decided to study hard.

7. 우리말에 맞게 문장을 완성하세요.

> 거북선은 거북이처럼 보여.

The Turtle Ship _____ _____ a turtle.

10. 우리말에 맞게 단어를 바르게 배열하여 문장을 쓰세요.

> 나는 자연을 보는 것을 즐겼어.

(enjoyed / nature / I / observing)

→ _____

6. 문장을 읽고 알맞은 그림에 동그라미 하세요.

My sister enjoyed painting pictures.

A 화살표 방향대로 알파벳 칸을 따라가면 단어가 만들어져요. 힌트 를 보고 단어를 만들어 쓰세요.

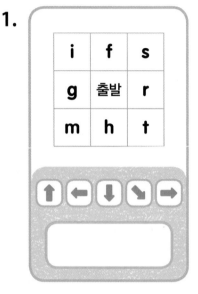

B 버디가 어떤 규칙에 따라 단어를 배열했어요. 단어가 배열된 규칙을 알아내 단어를 완성하고 우리말 뜻을 쓰세요.

1.

| opera | artist | ouchin | genius | save |

우리말 뜻: _____

2.

| admire | peace | hero | m ☐ v ☐ | receive |

우리말 뜻: _____

3.

| dragon | poor | h ☐ r ☐ | decide | village |

우리말 뜻: _____

C 알리가 미로 속에 단어를 숨겨 놓았어요. 미로를 빠져나가며 숨겨진 단어를 찾아 문장을 쓰고 우리말 뜻도 쓰세요.

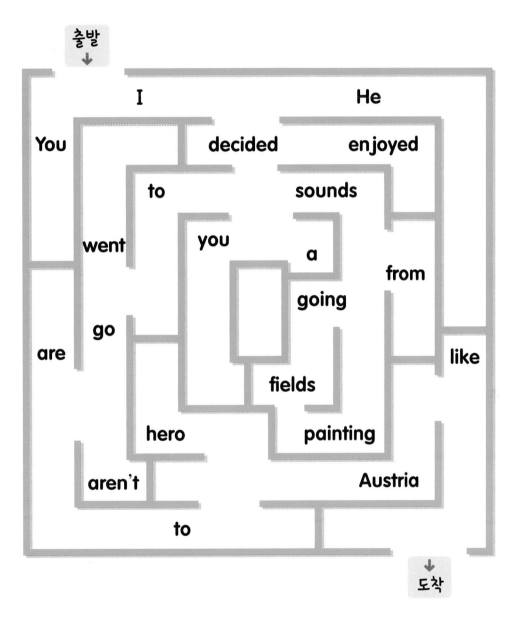

출발

I		He
You	decided	enjoyed
	to	sounds
went	you	a
		going	from
go			
are			like
	fields	
hero	painting	
aren't		Austria
to		

도착

문장: _____

우리말 뜻: _____

Step A 그림 단서를 보고 보기에서 알맞은 단어를 골라 퍼즐을 완성하세요.

보기   nun   prize   touching   receive

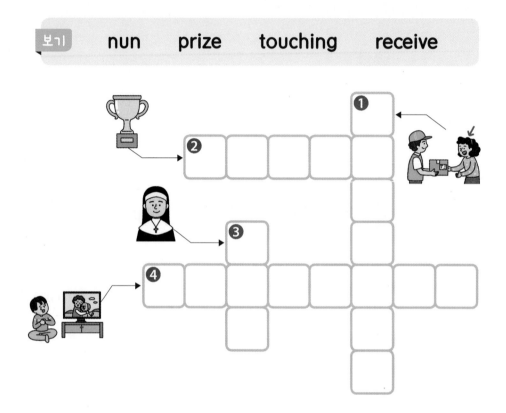

Step B Step A 의 단어를 사용하여 글을 완성하세요. (필요한 경우 첫 글자를 대문자로 쓰세요.)

This is the story of Mother Teresa. At 18, she became a _____ and later went to India. She taught girls and enjoyed teaching. But there were many poor and sick people.

She decided to do something for them. She fed the poor and cared for the sick. She helped people her whole life. In 1979, she _____d the Nobel Peace _____. It sounds like a _____ story, doesn't it?

Step C

단서 를 보고 암호를 풀어 문장을 쓰세요.

> **단서** ▼ = doesn't ⦿ = decided ☆ = do ♤ = sounds
> ♣ = like ★ = to ◑ = it

1. It ♤ ♣ a touching story, ▼ ◑?

_____

그것은 감동적인 이야기처럼 들려, 그렇지 않니?

2. She ⦿ ★ ☆ something for them.

_____

그녀는 그들을 위해 뭔가를 하기로 결심했어.

창의 서술형

✎ 세종대왕에 관한 글을 완성하세요. (필요한 경우 괄호 안의 단어를 사용하세요.)

King Sejong enjoyed _____ books. (read)

But most Koreans could not read Chinese.

So he decided _____ the Korean alphabet. (make)

He worked hard for his people.

Finally, in 1443, he made Hangeul.

He sounds like a _____ king, _____ _____?

4주에는 무엇을 공부할까? ❶

🎁 재미있는 이야기로 이번 주에 공부할 내용을 알아보세요.

Hopes and Dreams 희망과 꿈

1일 My Dream   **2일** My Idol   **3일** Bye, Old Days!

4일 Hi, New World!   **5일** Dreams Come True

A

◎ 여러분의 장래 희망을 말해 보세요.

I would like to be a/an ~. 나는 ~가 되고 싶어.

vet

composer

cartoonist

astronaut

(YOU)

B

◉ 여러분은 지금 무엇을 할 때인지 말해 보세요.

It is time to ~. ~할 때야.

learn new things

make new friends

think about my future

grow up

(YOU)

나의 꿈

장래 희망

My Dream

📦 **재미있는 이야기로 오늘 읽을 글의 내용을 생각해 보세요.**

New Words 오늘 배울 단어를 듣고 써 보세요.

fashion designer 패션 디자이너

magazine 잡지

astronaut 우주 비행사

universe 우주

lie 눕다

roof 지붕

My Dream

Q 아이들은 무엇에 관해 말하고 있을까요?

My name is Jake.

I would like to be a fashion designer.

I am interested in fashion.

I enjoy reading fashion magazines.

I designed this jacket.

It looks cool, doesn't it?

하루 구문

I would like to + 동사원형 ~. 나는 ~하고 싶어.

내가 하고 싶은 일을 나타내는 표현이에요. would like 뒤에 동사가 올 때는 to부정사(to + 동사원형)의 형태로 써야 해요.

「would like + to부정사」는 「want + to부정사」보다 공손한 표현이며, I would는 I'd로 줄여 쓸 수 있어요.

I am Lucy.

I would like to be an astronaut.

I am interested in the universe.

I enjoy lying on the roof and looking at the stars.

I would like to go to Mars someday.

4
주

정답 22쪽

Let's Check

글의 내용과 일치하도록 괄호 안에서 알맞은 것을 골라 동그라미 하세요.

1. Jake would like to be (an astronaut / a fashion designer).

2. Lucy is interested in (the universe / fashion).

3. Lucy would like to go to (the Moon / Mars) someday.

Let's Practice 집중 연습

A 그림에 알맞은 단어가 되도록 알파벳을 바르게 배열하여 쓰세요.

1.

i e l

2.

o r f o

3.

u a o s n t t a r

B 그림에 알맞은 단어를 보기 에서 골라 문장을 완성하세요.

보기   universe   fashion designer   magazine

1.

I am interested in the _____.

2.

I enjoy reading fashion _____s.

C 그림에 알맞은 문장을 완성하세요.

1.

I ⬜ ⬜ ⬜ to Mars.

나는 화성에 가고 싶어.

2.

I ⬜ ⬜ ⬜ an astronaut.

나는 우주 비행사가 되고 싶어.

D 그림에 맞게 단어나 어구를 바르게 배열하여 문장을 쓰세요.

1.

(a fashion designer / would like / I / to be)

_____

나는 패션 디자이너가 되고 싶어.

2.

(would like / my own clothes / to design / I)

_____

나는 내 옷을 디자인하고 싶어.

나의 아이돌   아이돌

My Idol

📦 **재미있는 이야기로 오늘 읽을 글의 내용을 생각해 보세요.**

New Words 오늘 배울 단어를 듣고 써 보세요.

ticket 티켓, 입장권

excellent 훌륭한

voice 목소리

talent 재능

idol 아이돌, 우상

vet 수의사

My Idol

Q 여자아이의 장래 희망은 무엇일까요?

Why are you so excited?

Because I got a ticket for MJ's concert.

Why do you like him?

Because he has an excellent voice.

He also has a great talent for writing songs.

He is my idol.

하루 구문

Why + 의문문? - Because + 주어 + 동사 ~.
왜 …는 ～해/야? – 왜냐하면 …는 ～하기/이기 때문이야.

이유를 묻고 답하는 표현이에요. 이유를 물을 때는 Why를, 이유를 말할 때는 Because를 문장의 맨 앞에 써요.

vet은 '수의사'라는 뜻의 명사인데, veterinarian을 줄여 쓴 표현이에요.

You are good at singing. You should be a singer, too.

No. I want to be a vet.

A vet? Why?

Because I want to help sick animals.

Vet Clinic

정답 23쪽

Let's Check

글의 내용과 일치하도록 빈칸에 알맞은 것을 고르세요.

1. MJ has a great talent for writing _____.
   ⓐ novels   ⓑ operas   ⓒ songs

2. The girl wants to help sick _____.
   ⓐ people   ⓑ animals   ⓒ plants

Let's Practice 집중 연습

 그림에 알맞은 단어를 찾아 동그라미 한 후 빈칸에 쓰세요.

f a g v o i c e m o e x c e l l e n t p b t i c k e t l h

1.

2.

3.

 그림에 알맞은 단어를 보기 에서 골라 문장을 완성하세요.

보기   idol   talent   vet

1.

She is my _____.

2.

I want to be a _____.

C 그림에 알맞은 대화를 완성하세요.

1.

A: _____ do you like him?

너는 그를 왜 좋아해?

B: _____ he has an excellent voice.

왜냐하면 그는 목소리가 정말 좋기 때문이야.

2.

A: _____ do you want to be a vet?

너는 왜 수의사가 되고 싶어?

B: _____ I want to help sick animals.

왜냐하면 나는 아픈 동물을 돕고 싶기 때문이야.

D 그림에 맞게 단어나 어구를 바르게 배열하여 문장을 쓰세요.

1.

(are / so excited / Why / you)

A: _____

너는 왜 이렇게 신났어?

2.

(a ticket / I / for MJ's concert / Because / got)

B: _____

왜냐하면 내가 엠제이의 공연 티켓을 구했기 때문이야.

잘 가, 옛날아!

Bye, Old Days!

졸업

🎁 **재미있는 이야기로 오늘 읽을 글의 내용을 생각해 보세요.**

New Words 오늘 배울 단어를 듣고 써 보세요.

graduation 졸업

memory 추억

boring 재미없는, 지루한

classmate 반 친구

tasty 맛있는

snack 간식

4
주

3일 Reading

Bye, Old Days!

Q 졸업식 날 여자아이의 기분은 어땠을까요?

6

Today was my graduation day.

I was excited but also sad.

I said goodbye to my teachers and friends.

I have a lot of good memories of them.

하루 구문

주어 **+** 수여동사 **+** 간접목적어 **+** 직접목적어**.**
···는 **에게 ~를 해 줘.

'수여동사'는 목적어가 두 개 필요한 동사를 말해요. '**에게'에 해당하는
목적어를 '간접목적어', '~를'에 해당하는 목적어를 '직접목적어'라고 해요.

수여동사에는 give, teach, read,
show 등이 있고, 간접목적어로는 사람,
직접목적어로는 사물이 쓰여요.

Ms. Jones taught us English.
She sometimes read us
boring stories.

Mr. Smith taught us science.
One day, he showed us
a crazy experiment.

4
주

Tony was my classmate.
He made me tasty snacks.
And I always gave him
two thumbs up.

정답 24쪽

Let's Check

문장을 읽고 글의 내용과 일치하면 T, 일치하지 않으면 F 에 동그라미 하세요.

1. Today was the girl's graduation day.　　T　F

2. Mr. Smith read the girl boring stories.　　T　F

3. The girl liked Tony's snacks.　　T　F

Let's Practice 집중 연습

A 그림에 알맞은 단어를 찾아 동그라미 한 후 빈칸에 쓰세요.

1.

u t a s t y s e i

2.

r o b o r i n g c

3.

s d p s n a c k t

B 그림에 알맞은 단어를 보기에서 골라 문장을 완성하세요.

보기   graduation   classmate   memory

1.

Julie was my _____ .

2.

Today was my _____ day.

▶정답 24쪽

 그림에 알맞은 문장을 완성하세요.

1.

He _____ _____ _____.

그는 내게 이야기들을 읽어 주셨어.

2.

She _____ _____ _____.

그녀는 우리에게 과학을 가르쳐 주셨어.

 그림에 맞게 단어나 어구를 바르게 배열하여 문장을 쓰세요.

1.

(tasty snacks / He / her / made)

_____

그는 그녀에게 맛있는 간식을 만들어 주었어.

2.

(showed / a crazy experiment / I / him)

_____

나는 그에게 재미있는 실험을 보여 주었어.

안녕, 새로운 세계야!

입학 전날

Hi, New World!

재미있는 이야기로 오늘 읽을 글의 내용을 생각해 보세요.

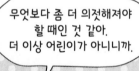

New Words

오늘 배울 단어나 어구를 듣고 써 보세요.

school uniform 교복

make friends 친구를 사귀다

future 미래

grow up 성장하다, 자라다

nervous 긴장한, 불안한

luck 행운

Hi, New World!

 남자아이는 내일 무엇을 앞두고 있을까요?

I start middle school tomorrow.

I am trying on my school uniform.

And I am thinking about my new school life.

하루 구문

It is time to + 동사원형 ~. ~할 때야.

지금 무언가를 해야 할 때라고 말하는 표현이에요. 이때 It은 비인칭 주어로 쓰였으며, '그것'이라고 해석하지 않아요.

비인칭 주어 It은 시각, 날씨, 요일 등을 나타낼 때 쓰이는 주어이며 특별한 뜻은 없어요.

It is time to make new friends.

It is time to learn new things.

It is time to plan for my future.

Most of all, it is time to grow up.

I am a little nervous.

But I will do my best.

Wish me luck!

정답 25쪽

글의 내용과 일치하도록 빈칸에 알맞은 것을 고르세요.

1. The boy is trying on his _____.
   ⓐ old jacket   ⓑ school uniform   ⓒ new pajamas

2. The boy feels a little _____.
   ⓐ sad   ⓑ angry   ⓒ nervous

Let's Practice 집중 연습

 그림에 알맞은 단어나 어구를 찾아 동그라미 한 후 빈칸에 쓰세요.

k u x g r o w u p d a g f u t u r e p m z l u c k c f v

1.

2.

3.

B 그림에 알맞은 단어나 어구를 보기 에서 골라 문장을 완성하세요.

보기 school uniform   make friends   nervous

1.

I am a little _____.

2.

I am trying on my _____.

▶정답 25쪽

 그림에 알맞은 문장을 완성하세요.

1.

_____ _____ _____ grow up.

성장할 때야.

2.

_____ _____ _____ learn new things.

새로운 것들을 배울 때야.

 그림에 맞게 단어나 어구를 바르게 배열하여 문장을 쓰세요.

1.

(to make / is / new friends / It / time)

_____

새로운 친구들을 사귈 때야.

2.

(time / for my future / It / to plan / is)

_____

나의 미래를 계획할 때야.

Dreams Come True 1~4일 복습

꿈은 이루어져

재미있는 이야기로 오늘 읽을 글의 내용을 생각해 보세요.

New Words 오늘 배울 단어나 어구를 듣고 써 보세요.

cartoonist 만화가

cartoon 만화 영화

happiness 행복

dream (장래의) 꿈

make up (이야기를) 지어 내다

character (만화 등의) 캐릭터

Dreams Come True

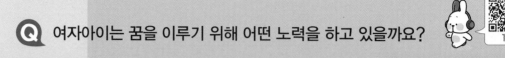

Q 여자아이는 꿈을 이루기 위해 어떤 노력을 하고 있을까요?

I would like to be a cartoonist.

Why?

Because I love watching cartoons.

They give me happiness.

하루 구문 복습!

I would like to + 동사원형 ~. 나는 ~하고 싶어.

Why + 의문문? **- Because** + 주어 + 동사 ~. 왜 …는 ~해/야? – 왜냐하면 …는 ~하기/이기 때문이야.

주어 + 수여동사 + 간접목적어 + 직접목적어. …는 **에게 ~를 해 줘.

It is time to + 동사원형 ~. ~할 때야.

What am I doing for my dream?
First of all, I take an art class.
I practice drawing every day.

I also read a lot of books.
I try to make up interesting
stories. I want to create
unique characters.

What is your dream?
It is time to think about it.

글의 내용과 일치하도록 괄호 안에서 알맞은 것을 골라 동그라미 하세요.

정답 26쪽

1. The girl wants to be a (cartoonist / writer).

2. The girl practices (baking / drawing) every day.

3. The girl wants to create unique (characters / paintings).

Let's Practice 집중 연습

 A 그림에 알맞은 단어가 되도록 알파벳을 바르게 배열하여 쓰세요.

1.

o r c t o a n

2.

s a i t c o n o t r

3.

a e c a r h t r c

B 그림에 알맞은 단어나 어구를 보기 에서 골라 문장을 완성하세요.

보기   happiness   make up   dream

1.

What am I doing for my _____?

2.

I try to _____ interesting stories.

▶정답 26쪽

C 그림에 알맞은 문장을 완성하세요.

1.

My friends _____.

내 친구들은 내게 행복을 줘.

2.

I _____ a cartoonist.

나는 만화가가 되고 싶어.

D 그림에 맞게 단어나 어구를 바르게 배열하여 문장을 쓰세요.

1.

(love / cartoons / I / Because / watching)

_____

왜냐하면 나는 만화 영화 보는 것을 정말 좋아하기 때문이야.

2.

(about your dream / It / time / is / to think)

_____

너의 꿈에 관해 생각할 때야.

1 단어에 알맞은 그림을 고르세요.

dream

①

②

③

④

2 그림에 알맞은 단어를 고르세요.

① voice
② snack
③ cartoonist
④ school uniform

3 우리말에 맞게 빈칸에 알맞은 말이 순서대로 짝 지어진 것을 고르세요.

> A: _____ do you like MJ?
> 너는 왜 엠제이를 좋아해?
>
> B: _____ he has an excellent voice.
> 왜냐하면 그는 목소리가 정말 좋기 때문이야.

① Why – And
② Why – Because
③ Where – But
④ Who – Because

4 그림을 보고, 알맞은 문장의 기호를 쓰세요.

> ⓐ Mr. Kim taught me English.
> ⓑ It is time to make new friends.
> ⓒ I would like to be a fashion designer.

(1)

(2)

[5~6] 다음 글을 읽고, 물음에 답하세요.

I am Andy.

ⓐ_____

I am interested in the universe.

I enjoy lying on the roof and looking at the stars.

I would like to go to ⓑ_____ someday.

5 그림에 맞게 윗글의 빈칸 ⓐ에 알맞은 문장을 완성하세요.

I _____ _____ to be an
_____.

6 윗글의 빈칸 ⓑ에 알맞은 것을 고르세요.

① Mars

② France

③ university

④ middle school

[7~8] 다음 글을 읽고, 물음에 답하세요.

Today was my graduation day.

I was excited but also sad.

I said goodbye to my teachers and friends.

I have a lot of good memories of them.

Mr. Smith taught us science.

One day, he showed us a crazy experiment.

Ms. Jones taught us English.

그녀는 가끔 우리에게 지루한 이야기들을 읽어 주셨어.

7 윗글의 밑줄 친 우리말에 맞게 문장을 완성하세요.

She sometimes _____ _____
boring _____.

8 윗글의 내용과 일치하지 않는 것을 고르세요.

① 오늘은 글쓴이의 졸업식이었다.

② 글쓴이는 기분이 마냥 좋기만 했다.

③ 글쓴이는 선생님과 친구들에게 작별 인사를 했다.

④ 스미스 선생님은 과학 선생님이셨다.

배운 내용을 떠올리며 말판 놀이를 해 보세요.

START

1. 그림을 보고 알파벳을 바르게 배열하여 단어를 쓰세요.

oagdutrina

→ _____

2. 그림에 알맞은 단어를 완성하세요.

u ▢ ▢ re

5. 그림과 어구가 일치하면 ○ 표, 일치하지 않으면 × 표 하세요.

make friends ▢

4. 그림을 보고 알맞은 단어에 동그라미 하세요.

magazine   ticket

3. 단어나 어구를 읽고 알맞은 우리말 뜻과 연결하세요.

grow up •   • 우주

universe •   • 성장하다

6. 괄호 안에서 알맞은 것을 골라 동그라미 하세요.

> A: (When / Why) are you excited?
> B: (Because / And) I got a ticket for MJ's concert.

7. 문장을 읽고 알맞은 그림에 동그라미 하세요.

> I would like to be a cartoonist.

8. 그림과 문장이 일치하면 ○ 표, 일치하지 않으면 × 표 하세요.

It is time to learn new things.

9. 우리말에 맞게 문장을 완성하세요.

> 데이비스 선생님은 그에게 과학을 가르쳐 주셨어.

> Ms. Davis _____ _____ _____.

10. 우리말에 맞게 단어나 어구를 바르게 배열하여 문장을 쓰세요.

> 그는 우리에게 재미있는 실험을 보여 주셨어.

> (showed / a crazy experiment / us / He)
> → _____
>   _____

A 알리와 버디가 휴대 전화 숫자를 이용하여 단어 퀴즈를 내고 있어요. 힌트 를 보고 알리와 버디가 말하는 단어와 우리말 뜻을 쓰세요.

힌트

22666777444664   단어: __boring__   뜻: __지루한__

1.

8255533668

단어: _____   뜻: _____

2.

6633777888666887777

단어: _____   뜻: _____

B 출발에서 도착까지 단어가 만들어지도록 칸을 이동한 후, 만든 단어로 문장을 완성하세요.

1.

t	e	출발
v	e	v
도착	t	i

I would like to be a _____.

2.

출발	t	a
a	t	s
s	y	도착

He made me _____ snacks.

C 미로를 통과하며 만나는 단어로 질문에 알맞은 대답을 써서 대화를 완성하세요.

1.

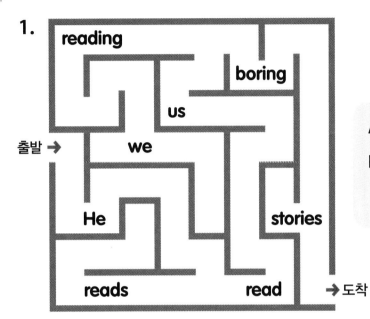

A: What did he read you?

B: _____

_____

2.

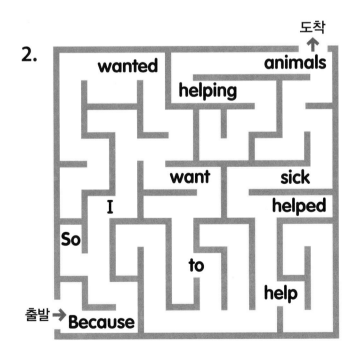

A: Why do you want to be a vet?

B: _____

_____

Step A 그림 단서를 보고 보기 에서 알맞은 단어나 어구를 골라 퍼즐을 완성하세요.

보기   character   make up   cartoon   dream

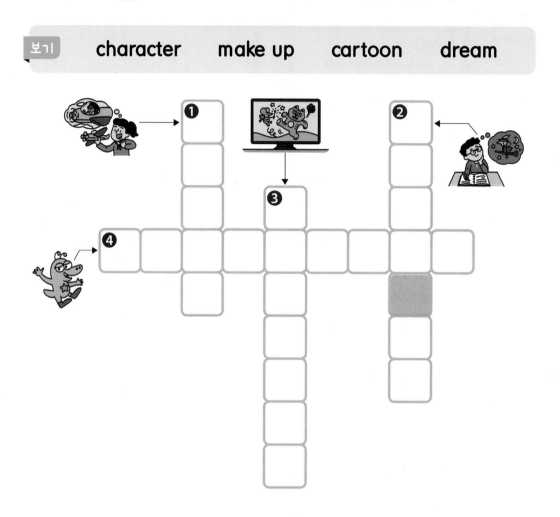

Step B Step A 의 단어나 어구를 사용하여 글을 완성하세요. (한 단어를 두 번 쓸 수도 있어요.)

I would like to be a cartoonist. Why? Because I love watching _____s. They give me happiness. What am I doing for my _____? First of all, I take an art class. I practice drawing every day. I also read a lot of books. I try to _____ interesting stories. I want to create unique _____s. What is your _____? It is time to think about it.

Step C

 를 보고 암호를 풀어 문장을 쓰세요.

단서
♡ = It   ◆ = like   ♣ = time   ※ = to   △ = be
◑ = would   ★ = is   ◎ = think

1. I ◑ ◆ ※ △ a cartoonist.

_____

나는 만화가가 되고 싶어.

2. ♡ ★ ♣ ※ ◎ about your dream.

_____

너의 꿈에 관해 생각할 때야.

창의 서술형

✎ 여러분의 장래 희망에 관한 글을 완성하세요.

It is time to think about my dream. I would like to be a/an _____. Why? Because I love _____ _____.	What am I doing for my dream? First of all, I _____ _____. I also _____ _____.

1주 1일

- ☐ finish 끝내다, 마치다
- ☐ project 과제
- ☐ hand in 제출하다
- ☐ creative 창의적인
- ☐ muffin 머핀
- ☐ take 가져가다

1주 2일

- ☐ garage sale 차고 세일
- ☐ practice 연습하다
- ☐ online 온라인으로
- ☐ price 가격을 매기다
- ☐ item 물품, 품목
- ☐ poster 포스터

1주 3일

- ☐ learn 배우다
- ☐ Spanish 스페인어
- ☐ stay 머무르다
- ☐ go surfing 서핑 하러 가다
- ☐ leave 떠나다, 출발하다
- ☐ thrilled 신이 난

1주 4일

- ☐ plan 계획, 계획하다
- ☐ explore 탐험하다
- ☐ cave 동굴
- ☐ relax 쉬다, 휴식을 취하다
- ☐ woods 숲
- ☐ perfect 완벽한

1주 5일

- ☐ alien 외계인, 우주인
- ☐ human 인간, 사람
- ☐ furniture 가구
- ☐ couch 긴 의자, 소파
- ☐ bookcase 책장
- ☐ vehicle 탈것

2주 1일

- letter
  편지
- push
  밀다
- wheelchair
  휠체어
- carry
  들고 가다
- share
  나누다, 나눠 주다
- comic book
  만화책

2주 2일

- guide dog
  안내견
- lead
  안내하다, 이끌다
- cross
  건너다
- get on
  (버스 등에) 타다
- calm
  침착한, 차분한
- team
  팀

2주 3일

- volunteer
  자원봉사 하다
- different
  다른
- teach
  가르치다
- kid
  아이
- nursing home
  요양원
- neighborhood
  이웃

2주 4일

- accident
  사고
- follow
  (규칙을) 따르다
- important
  중요한
- safety
  안전
- watch out for
  ~를 조심하다
- crosswalk
  횡단보도

2주 5일

- culture
  문화
- skin
  피부
- respect
  존중하다
- trumpet
  트럼펫
- rugby
  럭비
- chef
  요리사

Words List

3주 1일

- [ ] **fight** 싸우다
- [ ] **Japanese** 일본인
- [ ] **save** 구하다
- [ ] **admire** 존경하다
- [ ] **hero** 영웅
- [ ] **dragon** 용

3주 2일

- [ ] **guest** 게스트, 출연자
- [ ] **Austria** 오스트리아
- [ ] **composer** 작곡가
- [ ] **musician** 음악가
- [ ] **opera** 오페라
- [ ] **genius** 천재

3주 3일

- [ ] **chimpanzee** 침팬지
- [ ] **decide** 결심하다
- [ ] **poor** 가난한
- [ ] **university** 대학
- [ ] **job** 직업
- [ ] **quietly** 조용히

3주 4일

- [ ] **village** 마을
- [ ] **artist** 화가, 예술가
- [ ] **move** 이사하다
- [ ] **country** 시골
- [ ] **field** 들판
- [ ] **sunflower** 해바라기

3주 5일

- [ ] **nun** 수녀
- [ ] **care for** ~를 돌보다
- [ ] **receive** 받다
- [ ] **peace** 평화
- [ ] **prize** 상
- [ ] **touching** 감동적인

4주 1일

- [ ] **fashion designer**
  패션 디자이너
- [ ] **magazine**
  잡지
- [ ] **astronaut**
  우주 비행사
- [ ] **universe**
  우주
- [ ] **lie**
  눕다
- [ ] **roof**
  지붕

4주 2일

- [ ] **ticket**
  티켓, 입장권
- [ ] **excellent**
  훌륭한
- [ ] **voice**
  목소리
- [ ] **talent**
  재능
- [ ] **idol**
  아이돌, 우상
- [ ] **vet**
  수의사

4주 3일

- [ ] **graduation**
  졸업
- [ ] **memory**
  추억
- [ ] **boring**
  재미없는, 지루한
- [ ] **classmate**
  반 친구
- [ ] **tasty**
  맛있는
- [ ] **snack**
  간식

4주 4일

- [ ] **school uniform**
  교복
- [ ] **make friends**
  친구를 사귀다
- [ ] **future**
  미래
- [ ] **grow up**
  성장하다, 자라다
- [ ] **nervous**
  긴장한, 불안한
- [ ] **luck**
  행운

4주 5일

- [ ] **cartoonist**
  만화가
- [ ] **cartoon**
  만화 영화
- [ ] **happiness**
  행복
- [ ] **dream**
  (장래의) 꿈
- [ ] **make up**
  (이야기를) 지어 내다
- [ ] **character**
  (만화 등의) 캐릭터

memo

나는 그 누구보다도 실수를 많이 한다.
그리고 그 실수들 대부분에서
특허를 받아낸다.

I make more mistakes than anybody
and get a patent from those mistakes.

토마스 에디슨

실수는 '이제 난 안돼, 끝났어'라는 의미가 아니에요.
성공에 한 발자국 가까이 다가갔으니, 더 도전해보면 성공할 수 있다는
메시지랍니다. 그러니 실수를 두려워하지 마세요.

뭘 좋아할지 몰라 다 준비했어♥
전과목 교재

전과목 시리즈 교재

●무등생 해법시리즈

– 국어/수학	1~6학년, 학기용
– 사회/과학	3~6학년, 학기용
– 봄·여름/가을·겨울	1~2학년, 학기용
– SET(전과목/국수, 국사과)	1~6학년, 학기용

●무등생 전과

– 국어/수학/봄·여름(1학기)/가을·겨울(2학기)	1~2학년, 학기용
– 국어/수학/사회/과학	3~6학년, 학기용

●똑똑한 하루 시리즈

– 똑똑한 하루 독해	예비초~6학년, 총 14권
– 똑똑한 하루 글쓰기	예비초~6학년, 총 14권
– 똑똑한 하루 어휘	예비초~6학년, 총 14권
– 똑똑한 하루 수학	1~6학년, 학기용
– 똑똑한 하루 계산	1~6학년, 학기용
– 똑똑한 하루 사고력	1~6학년, 학기용
– 똑똑한 하루 도형	1~6단계, 총 6권
– 똑똑한 하루 사회/과학	3~6학년, 학기용
– 똑똑한 하루 Voca	3~6학년, 학기용
– 똑똑한 하루 Reading	초3~초6, 학기용
– 똑똑한 하루 Grammar	초3~초6, 학기용
– 똑똑한 하루 Phonics	예비초~초등, 총 8권

영어 교재

●초등영어 교과서 시리즈

파닉스(1~4단계)	3~6학년, 학년용
회화(입문1~2, 1~6단계)	3~6학년, 학기용
명단어(1~4단계)	3~6학년, 학년용

●셀파 English(어휘/회화/문법)	3~6학년
●Reading Farm(Level 1~4)	3~6학년
●Grammar Town(Level 1~4)	3~6학년
●LOOK BOOK 영단어	3~6학년, 단행본
●원서 읽는 LOOK BOOK 영단어	3~6학년, 단행본
●멘토 Story Words	2~6학년, 총 6권

똑똑한
하루
Reading

정답

6학년 영어
4B

천재교육

book.chunjae.co.kr

1주 1일

 After School 방과 후에

Q 아이들은 무엇에 관해 말하고 있을까요?

방과 후 계획

I am Emily.
I am going to finish my art project after school.
I should hand it in tomorrow.
My sister is going to help me.
She is very creative.

나는 에밀리야.
나는 방과 후에 미술 과제를 끝낼 거야.
나는 내일 그것을 제출해야 해.
내 여동생이 나를 도와줄 거야.
그녀는 매우 창의적이야.

하루 구문

주어 + be동사 + going to + 동사원형 ~. …는 ~할 거야.
주어가 미래에 무엇을 할 것인지 계획을 나타내는 표현이에요. be동사는
주어의 인칭과 수에 따라 달라져요.

be going to는 나 를 after
school이나 tomorrow처럼 미래를
나타내는 표현과 함께 쓰여요.

My name is Diego.
After school I am going to bake some muffins
with my dad.
My grandma is in the hospital.
We are going to take the muffins to her.
She loves my muffins.

내 이름은 디에고야.
방과 후에 나는 아빠랑 머핀을 좀 구울 거야.
할머니께서 입원 중이셔.
우리는 할머니께 머핀을 가져갈 거야.
그녀는 내 머핀을 정말 좋아하서.

Let's Check

문장을 읽고 글의 내용과 일치하면 T, 일치하지 않으면 F에 동그라미 하세요.

1. Emily should hand in her art project tomorrow. **T** F
2. Emily is going to help her sister after school. T **F**
3. Diego is going to bake some muffins tomorrow. T **F**

1일 **Let's Practice** 집중 연습

▶정답 1쪽

A 그림에 알맞은 단어가 되도록 알파벳을 바르게 배열하여 쓰세요.

1.
i n f s h i
finish

2.
u n f i m f
muffin

3.
r t o p e j c
project

C 그림에 알맞은 문장을 완성하세요.

1.
My sister **is going to help** me.
누나가 나를 도와줄 거야.

2.
I **am going to bake** some muffins.
나는 머핀을 좀 구울 거야.

B 그림에 알맞은 단어나 어구를 보기 에서 골라 문장을 완성하세요.

보기   hand in   take   creative

1.
She is very **creative**.

2.
I should **hand in** my art project
tomorrow.

D 그림에 맞게 단어나 어구를 바르게 배열하여 문장을 쓰세요.

1.
(his art project / He / finish / is going to)
He is going to finish his art project.
그는 그의 미술 과제를 끝낼 거야.

2.
(the muffins / are going to / to her / take / We)
We are going to take the muffins to her.
우리는 그녀에게 머핀을 가져갈 거야.

1주

2일 Reading

A Busy Weekend 바쁜 주말

Q 아이들은 이번 주말에 무엇을 함께 할까요?
차고 세일

Ann, Tony, and Julie are going to have a garage sale this weekend.
They are going to be very busy.
앤, 토니, 그리고 줄리는 이번 주말에 차고 세일을 할 거예요.
그들은 아주 바쁠 거예요.

Ann is not going to practice soccer.
She is going to prepare tables. 앤은 축구 연습을 하지 않을 거예요.
그녀는 탁자를 준비할 거예요.

Tony is not going to play games online.
He is going to price items.
토니는 온라인으로 게임을 하지 않을 거예요.
그는 물건에 가격을 매길 거예요.

Julie is not going to watch videos on her phone.
She is going to make posters.
줄리는 휴대폰으로 영상을 보지 않을 거예요.
그녀는 포스터를 만들 거예요.

하루 구문
주어 + be동사 + not going to + 동사원형 ~.
…는 ~하지 않을 거야.
주어의 미래 계획을 나타내는 문장의 부정문이에요. be동사의 부정문은
be동사 뒤에 not을 써서 나타내요.

garage sale은 자기 집에서 안 쓰는
물건을 차고에 놓고 싸게 파는 것을
말하는데 yard sale이라고도 해요.

Let's Check
글의 내용과 일치하도록 괄호 안에서 알맞은 것을 골라 동그라미 하세요.

1. Ann (is / is not) going to prepare tables this weekend.
2. Tony (is / is not) going to play games online this weekend.
3. Julie (is / is not) going to be very busy this weekend.

20 · 똑똑한 하루 Reading
Level 4 B · 21

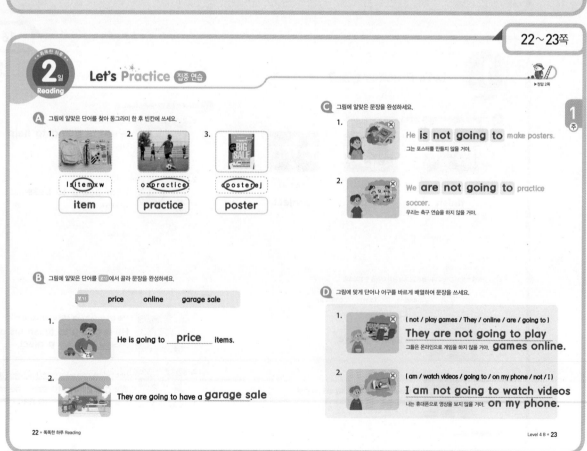

2일 Reading

Let's Practice 집중 연습

▶정답 2쪽

A 그림에 알맞은 단어를 찾아 동그라미 한 후 빈칸에 쓰세요.

1. l s i t e m x w → **item**
2. o z p r a c t i c e → **practice**
3. c p o s t e r e j → **poster**

B 그림에 알맞은 단어를 보기에서 골라 문장을 완성하세요.

보기   price   online   garage sale

1. He is going to ___price___ items.
2. They are going to have a **garage sale**

C 그림에 알맞은 문장을 완성하세요.

1. He **is not going to** make posters.
   그는 포스터를 만들지 않을 거야.

2. We **are not going to** practice soccer.
   우리는 축구 연습을 하지 않을 거야.

D 그림에 맞게 단어나 어구를 바르게 배열하여 문장을 쓰세요.

1. (not / play games / They / online / are / going to)
   They are not going to play games online.
   그들은 온라인으로 게임을 하지 않을 거야.

2. (am / watch videos / going to / on my phone / not / I)
   I am not going to watch videos on my phone.
   나는 휴대폰으로 영상을 보지 않을 거야.

22 · 똑똑한 하루 Reading
Level 4 B · 23

1주 3일 Reading

My Special Vacation

나의 특별한 방학

Q 남자아이는 여름 방학에 무엇을 할까요?
하와이에 가서 서핑 하기

🗣 What are you going to do during summer vacation?

🗣 I am going to learn Spanish. How about you?

🗣 I am going to go to Hawaii. My uncle lives there.

남아: 너는 여름 방학 동안 무엇을 할 거니?
여아: 나는 스페인어를 배울 거야? 너는?
남아: 나는 하와이에 갈 거야. 삼촌이 그곳에 사시거든.

🗣 Are you going to stay at your uncle's house?

🗣 Yes, I am. We are going to go surfing together.

🗣 When are you going to leave?

🗣 I am going to leave next Saturday. I am so thrilled!

여아: 너는 너의 삼촌 댁에서 머물 거니?
남아: 응. 그래. 우리는 함께 서핑 하러 갈 거야.
여아: 언제 떠날 거야?
남아: 다음 주 토요일에 떠날 거야. 너무 신나!

하루 구문

(의문사 +) Be동사 + 주어 + going to + 동사원형 ~?
…는 (무엇을/언제 등) ~할 거니?

주어의 미래 계획을 묻는 표현이에요. 의문사가 없으면 주어와 be동사의
위치를 바꾸고, 의문사가 있으면 의문사를 문장의 맨 앞에 써요.

be동사로 물을 때는 Yes나 No로
대답하고, 의문사로 물을 때는 Yes나
No가 아니라 질문사에 맞게 대답해요.

Let's Check

글의 내용과 일치하도록 빈칸에 알맞은 것을 고르세요.

1. The girl is going to learn _____ during summer vacation.
   ⓐ Korean   ⓑ Spanish   ⓒ English

2. The boy is going to leave for Hawaii _____.
   ⓐ today   ⓑ tomorrow   ⓒ next Saturday

26 • 똑똑한 하루 Reading

Level 4 B • 27

3일 Reading

Let's Practice 집중 연습

▶정답 3쪽

Ⓐ 그림에 알맞은 단어를 찾아 동그라미 한 후 빈칸에 쓰세요.

s u (t h r i l l e d) y o p (l e a v e) j m f (l e a r n) s d

1. **learn**
2. **thrilled**
3. **leave**

Ⓑ 그림에 알맞은 단어나 어구를 보기에서 골라 문장을 완성하세요.

보기   stay   Spanish   go surfing

1. I am going to learn **Spanish**.

2. We are going to _____ together.
   go surfing

Ⓒ 그림에 알맞은 문장을 완성하세요.

1. When **is she going to** leave?
   그녀는 언제 떠날 거니?

2. **Are they going to** go to Hawaii?
   그들은 하와이에 가실 거니?

Ⓓ 그림에 맞게 단어나 어구를 바르게 배열하여 문장을 쓰세요.

1. (stay / he / at his uncle's house / Is / going to)
   Is he going to stay at his uncle's house?
   그는 그의 삼촌 댁에서 머물 거니?

2. (going to / What / you / during summer vacation / are / do)
   What are you going to do during summer vacation?
   너는 여름 방학 동안 무엇을 할 거니?

28 • 똑똑한 하루 Reading

Level 4 B • 29

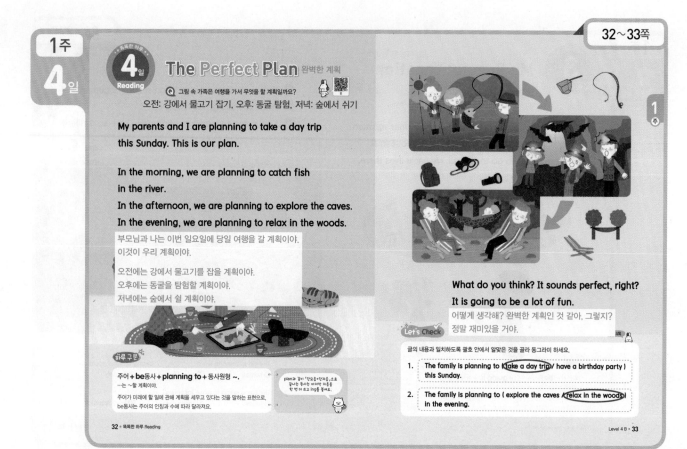

1주

4일
Reading

The Perfect Plan 완벽한 계획

Q 그림 속 가족은 여행을 가서 무엇을 할 계획일까요?

오전: 강에서 물고기 잡기, 오후: 동굴 탐험, 저녁: 숲에서 쉬기

My parents and I are planning to take a day trip
this Sunday. This is our plan.

In the morning, we are planning to catch fish
in the river.
In the afternoon, we are planning to explore the caves.
In the evening, we are planning to relax in the woods.

부모님과 나는 이번 일요일에 당일 여행을 갈 계획이야.
이것이 우리 계획이야.

오전에는 강에서 물고기를 잡을 계획이야.
오후에는 동굴을 탐험할 계획이야.
저녁에는 숲에서 쉴 계획이야.

What do you think? It sounds perfect, right?
It is going to be a lot of fun.

어떻게 생각해? 완벽한 계획인 것 같아, 그렇지?
정말 재미있을 거야.

하루 구문

주어 + be동사 + planning to + 동사원형 ~.
…는 ~할 계획이야.

주어가 미래에 할 일에 관해 계획을 세우고 있다는 것을 말하는 표현으로,
be동사는 주어의 인칭과 수에 따라 달라져요.

plan과 같이 「모음+단자음」으로
끝나는 동사는 마지막 자음을
한 번 더 쓰고 ing을 붙여요.

Let's Check

글의 내용과 일치하도록 괄호 안에서 알맞은 것을 골라 동그라미 하세요.

1. The family is planning to (take a day trip / have a birthday party)
this Sunday.

2. The family is planning to (explore the caves / relax in the woods)
in the evening.

32 • 똑똑한 하루 Reading

Level 4 B • 33

1주

4일
Reading

Let's Practice 집중 연습

▶정답 4쪽

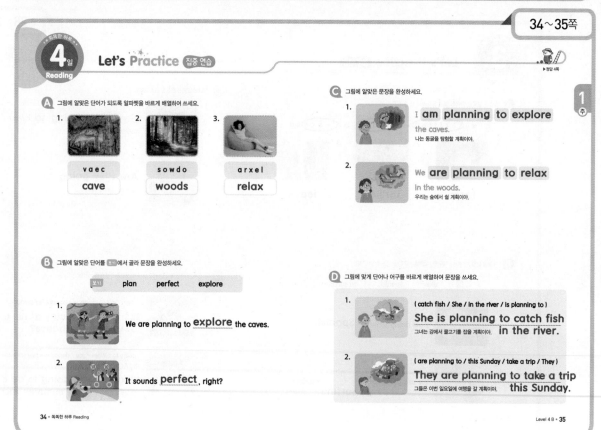

A 그림에 알맞은 단어가 되도록 알파벳을 바르게 배열하여 쓰세요.

1. v a e c → cave
2. s o w d o → woods
3. a r x e l → relax

B 그림에 알맞은 단어를 보기에서 골라 문장을 완성하세요.

보기 plan   perfect   explore

1. We are planning to explore the caves.

2. It sounds perfect, right?

C 그림에 알맞은 문장을 완성하세요.

1. I am planning to explore
the caves.
나는 동굴을 탐험할 계획이야.

2. We are planning to relax
in the woods.
우리는 숲에서 쉴 계획이야.

D 그림에 맞게 단어나 어구를 바르게 배열하여 문장을 쓰세요.

1. (catch fish / She / in the river / is planning to)
She is planning to catch fish
in the river.
그녀는 강에서 물고기를 잡을 계획이야.

2. (are planning to / this Sunday / take a trip / They)
They are planning to take a trip
this Sunday.
그들은 이번 일요일에 여행을 갈 계획이야.

34 • 똑똑한 하루 Reading

Level 4 B • 35

1주

5일

5일 Reading

외계인 젤로
Jello, the Alien

Q 외계인 젤로는 무엇을 살 계획일까요?
옷, 소파, 책장

Jello is an alien.
He likes Earth and humans.
So he is planning to live on Earth.
젤로는 외계인이에요.
그는 지구와 인간이 마음에 들어요.
그래서 그는 지구에서 살 계획이에요.

Tomorrow he is going to go shopping.
He is going to buy some clothes.
Is he going to buy any furniture?
Yes, he is. He needs a couch and a bookcase.
But he is not going to buy a car.
He has his own vehicle. 내일 그는 쇼핑하러 갈 거예요.
그는 옷을 좀 살 거예요.
그가 가구를 살 거냐고요?
네, 맞아요. 그는 소파와 책장이 필요해요.
그렇지만 자동차는 사지 않을 거예요.
그는 자신만의 탈것이 있어요.

하루 구문 복습

주어 + be동사 + going to + 동사원형 ~. …는 ~할 거야.
주어 + be동사 + not going to + 동사원형 ~. …는 ~하지 않을 거야.
(의문사 +) Be동사 + 주어 + going to + 동사원형 ~? …는 (무엇을/언제 등) ~할 거니?
주어 + be동사 + planning to + 동사원형 ~. …는 ~할 계획이야.

Let's Check

문장을 읽고 글의 내용과 일치하면 T, 일치하지 않으면 F에 동그라미 하세요.

1. Jello is planning to live on Earth. **T** F
2. Jello is going to go camping tomorrow. T **F**
3. Jello is not going to buy a couch. T **F**

38 • 똑똑한 하루 Reading

Level 4 B • 39

5일 Reading

Let's Practice 집중 연습

▶정답 5쪽

A 그림에 알맞은 단어를 찾아 동그라미 한 후 빈칸에 쓰세요.

i g c o u c h y u b o o k c a s e a v q h u m a n c d r

1. human
2. couch
3. bookcase

B 그림에 알맞은 단어를 보기에서 골라 문장을 완성하세요.

보기   vehicle   furniture   alien

1. Kong is an _alien_.

2. He has his own _vehicle_.

C 그림에 알맞은 문장을 완성하세요.

1. I **am planning to live** on Earth.
나는 지구에서 살 계획이야.

2. We **are going to buy** some clothes.
우리는 옷을 좀 살 거야.

D 그림에 맞게 단어나 어구를 바르게 배열하여 문장을 쓰세요.

1. (going to / not / buy a car / is / She)
She is not going to buy a car.
그녀는 자동차는 사지 않을 거야.

2. (buy / Are / going to / they / any furniture)
Are they going to buy any furniture?
그들은 가구를 살 거니?

40 • 똑똑한 하루 Reading

Level 4 B • 41

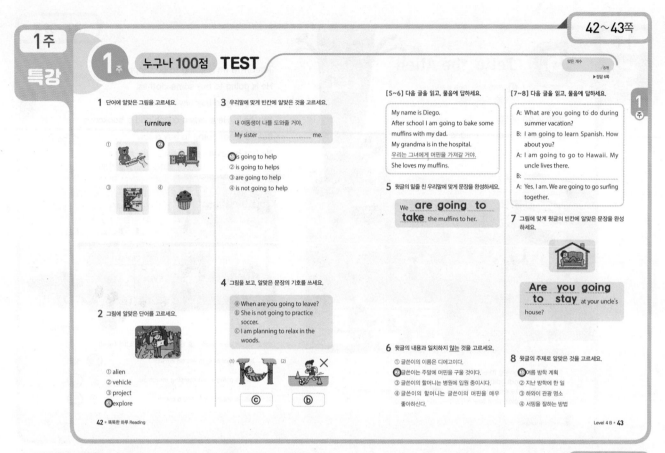

1주 특강

1주 누구나 100점 TEST

맞은 개수 /8개
▶정답 6쪽

1 단어에 알맞은 그림을 고르세요.

furniture

① ② ③ ④

2 그림에 알맞은 단어를 고르세요.

① alien
② vehicle
③ project
④ explore

3 우리말에 맞게 빈칸에 알맞은 것을 고르세요.

내 여동생이 나를 도와줄 거야.
My sister ＿＿＿＿＿＿＿＿ me.

① is going to help
② is going to helps
③ are going to help
④ is not going to help

4 그림을 보고, 알맞은 문장의 기호를 쓰세요.

ⓐ When are you going to leave?
ⓑ She is not going to practice soccer.
ⓒ I am planning to relax in the woods.

(1) ⓒ (2) ⓑ

[5~6] 다음 글을 읽고, 물음에 답하세요.

My name is Diego.
After school I am going to bake some muffins with my dad.
My grandma is in the hospital.
우리는 그녀에게 머핀을 가져갈 거야.
She loves my muffins.

5 윗글의 밑줄 친 우리말에 맞게 문장을 완성하세요.

We **are going to take** the muffins to her.

6 윗글의 내용과 일치하지 않는 것을 고르세요.

① 글쓴이의 이름은 디에고이다.
② 글쓴이는 주말에 머핀을 구울 것이다.
③ 글쓴이의 할머니는 병원에 입원 중이시다.
④ 글쓴이의 할머니는 글쓴이의 머핀을 매우 좋아하신다.

[7~8] 다음 글을 읽고, 물음에 답하세요.

A: What are you going to do during summer vacation?
B: I am going to learn Spanish. How about you?
A: I am going to go to Hawaii. My uncle lives there.
B: ＿＿＿＿＿＿＿＿
A: Yes, I am. We are going to go surfing together.

7 그림에 맞게 윗글의 빈칸에 알맞은 문장을 완성하세요.

Are you going to stay at your uncle's house?

8 윗글의 주제로 알맞은 것을 고르세요.

① 여름 방학 계획
② 지난 방학에 한 일
③ 하와이 관광 명소
④ 서핑을 잘하는 방법

1주 특강

창의·융합·코딩 ❶ Brain Game Zone

정답 6쪽

🎲 배운 내용을 떠올리며 말판 놀이를 해 보세요.

START

1. 그림을 보고 알맞은 단어에 동그라미 하세요.

take / finish

2. 그림에 알맞은 단어를 완성하세요.

p e r f e c t

3. 어구를 읽고 알맞은 우리말 뜻과 연결하세요.

hand in — 서핑 하러 가다
go surfing — 제출하다

5. 그림과 단어가 일치하면 ○ 표, 일치하지 않으면 × 표 하세요.

bookcase ×

4. 그림을 보고 알파벳을 바르게 배열하여 단어를 쓰세요.

elvae → **leave**

6. 문장을 읽고 알맞은 그림에 동그라미 하세요.

He is going to price items.

9. 그림과 문장이 일치하면 ○ 표, 일치하지 않으면 × 표 하세요.

After school they are going to have a garage sale. ○

10. 우리말에 맞게 단어나 어구를 바르게 배열하여 문장을 쓰세요.

너는 그곳에서 머물 거니?
(stay / Are / going to / you / there)
→ **Are you going to stay there?**

7. 우리말에 맞게 문장을 완성하세요.

나는 이번 주말에 게임을 하지 않을 거야.
I am not going to play games this weekend.

8. 우리말에 맞게 괄호 안에 알맞은 것을 골라 동그라미 하세요.

우리는 내일 동굴을 탐험할 계획이야.
We are planning (explore / **to** explore) the caves tomorrow.

FINISH

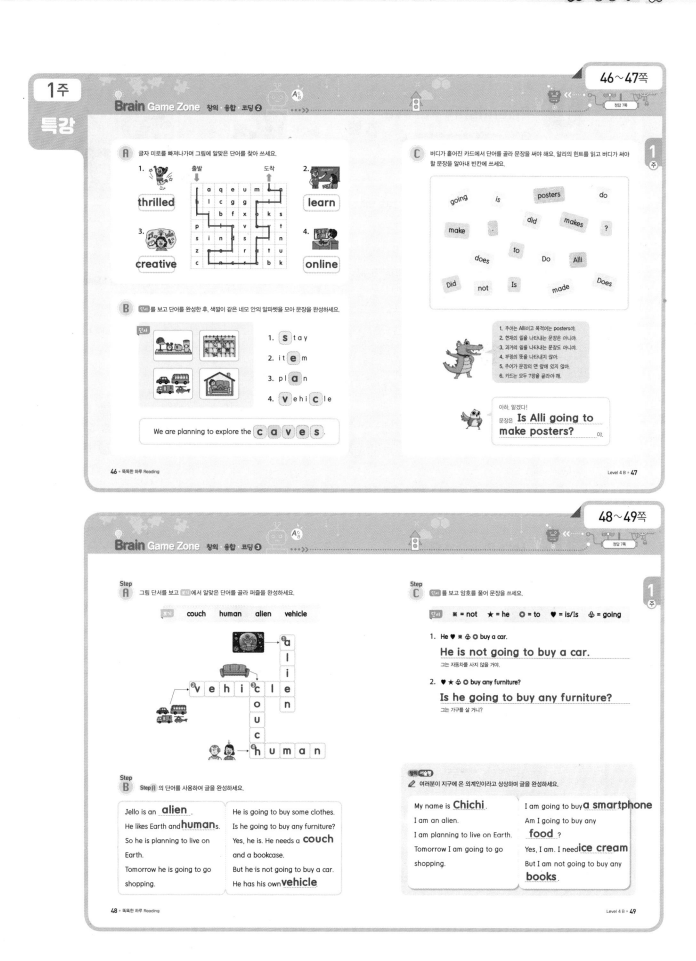

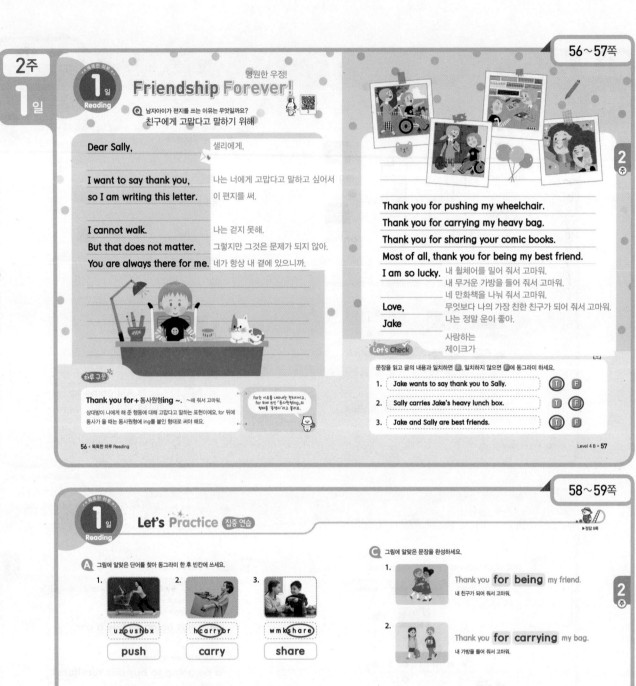

2주 1일

Friendship Forever!
영원한 우정!

Q 남자아이가 편지를 쓰는 이유는 무엇일까요?
친구에게 고맙다고 말하기 위해

Dear Sally,

I want to say thank you,
so I am writing this letter.

I cannot walk.
But that does not matter.
You are always there for me.

I am so lucky.

Love,

Jake

샐리에게,

나는 너에게 고맙다고 말하고 싶어서
이 편지를 써.

나는 걷지 못해.
그렇지만 그것은 문제가 되지 않아.
네가 항상 내 곁에 있으니까.

Thank you for pushing my wheelchair.
Thank you for carrying my heavy bag.
Thank you for sharing your comic books.
Most of all, thank you for being my best friend.

내 휠체어를 밀어 줘서 고마워.
내 무거운 가방을 들어 줘서 고마워.
네 만화책을 나눠 줘서 고마워.
무엇보다 나의 가장 친한 친구가 되어 줘서 고마워.
나는 정말 운이 좋아.

사랑하는
제이크가

하루 구문
Thank you for + 동사원형ing ~. ~해 줘서 고마워.
상대방이 나에게 해 준 행동에 대해 고맙다고 말하는 표현이에요. for 뒤에
동사가 올 때는 동사원형에 ing를 붙인 형태로 써야 해요.

> for은 이유를 나타내는 전치사이니까, for 뒤에 쓰인 「동사원형ing」의 형태를 「동명사」라고 불러요.

Let's Check
문장을 읽고 글의 내용과 일치하면 T, 일치하지 않으면 F에 동그라미 하세요.

1. Jake wants to say thank you to Sally. **(T)** F
2. Sally carries Jake's heavy lunch box. T **(F)**
3. Jake and Sally are best friends. **(T)** F

56 • 똑똑한 하루 Reading
Level 4 B • 57

2주 1일
Let's Practice 집중 연습

▶정답 8쪽

A 그림에 알맞은 단어를 찾아 동그라미 한 후 빈칸에 쓰세요.

1. u z **p u s h** b x → **push**
2. h **c a r r y** b r → **carry**
3. w m k **s h a r e** → **share**

C 그림에 알맞은 문장을 완성하세요.

1. Thank you **for being** my friend.
내 친구가 되어 줘서 고마워.

2. Thank you **for carrying** my bag.
내 가방을 들어 줘서 고마워.

B 그림에 알맞은 단어를 보기에서 골라 문장을 완성하세요.

보기 letter   wheelchair   comic book

1. I am writing this **letter**.

2. Thank you for sharing your _____ s.
comic book

D 그림에 맞게 단어나 어구를 바르게 배열하여 문장을 쓰세요.

1. (pushing / for / my wheelchair / Thank you)
Thank you for pushing my wheelchair.
내 휠체어를 밀어 줘서 고마워.

2. (sharing / Thank you / your comic books / for)
Thank you for sharing your comic books.
네 만화책을 나눠 줘서 고마워.

58 • 똑똑한 하루 Reading
Level 4 B • 59

62~63쪽

2주 2일

An Amazing Team 멋진 팀

Reading

Q 그림 속 개는 여자아이에게 어떤 도움을 줄까요?
원하는 곳으로 갈 수 있게 도와준다.

This is Kate.
This is her guide dog, Toby.

Kate cannot see.
But with Toby, she can go everywhere.

What a nice day!
Let's go, Toby.

이 아이는 케이트예요.
이 개는 케이트의 안내견 토비예요.

케이트는 앞을 볼 수 없어요.
그렇지만 토비와 함께라면 그녀는
어디든지 갈 수 있어요.

여아: 정말 좋은 날씨야! 가자, 토비.

여아: 너무 혼잡한 거리야!
토비가 나를 안전하게
안내하고 있어.

What a busy street!
Toby leads me
safely.

여아: 토비와 함께 나는 길을
건널 수 있어. 정말
똑똑한 개야!

With Toby, I can cross
the street. What a
smart dog!

여아: 토비는 나와 함께 버스에 탈
수 있어. 정말 차분한 개야!

Toby can get on the
bus with me. What
a calm dog!

여아: 다 왔어. 우리는 멋진
팀이야.

Here we are. We are
an amazing team.

하루 구문

What a/an + 형용사 + 명사! 정말 ~한 …야!
어떤 대상에 관해 감탄을 나타내는 문장으로, '감탄문'이라고 불러요.
감탄문은 문장의 끝에 느낌표(!)를 붙여야 해요.

guide dog는 시각 장애인을 안전하게
인도하도록 훈련 받은 개를 말하여,
seeing eye dog라고도 해요.

Let's Check 정답 9쪽

글의 내용과 일치하도록 괄호 안에서 알맞은 것을 골라 동그라미 하세요.
1. Toby is Kate's ((guide dog) / friend's dog).
2. Toby is a very (busy / (smart)) dog.
3. Toby ((can) / cannot) get on the bus with Kate.

62 · 똑똑한 하루 Reading

Level 4 B · 63

64~65쪽

2일
Reading

Let's Practice 집중 연습

▶정답 9쪽

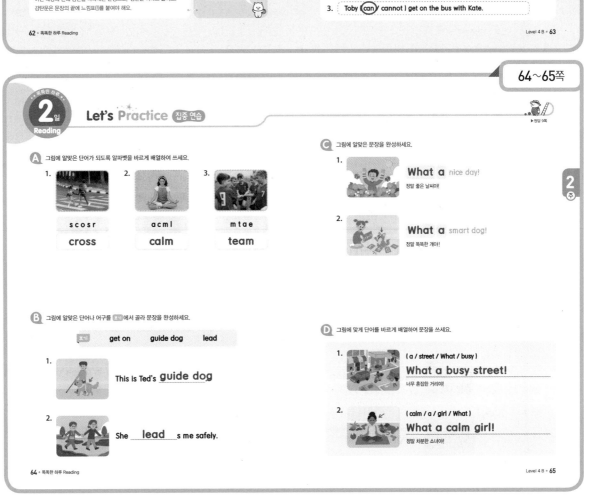

A 그림에 알맞은 단어가 되도록 알파벳을 바르게 배열하여 쓰세요.

1. scosr → **cross**
2. acml → **calm**
3. mtae → **team**

B 그림에 알맞은 단어나 어구를 보기에서 골라 문장을 완성하세요.

보기 get on   guide dog   lead

1. This is Ted's **guide dog**
2. She **lead** s me safely.

C 그림에 알맞은 문장을 완성하세요.

1. **What a** nice day!
정말 좋은 날씨야!

2. **What a** smart dog!
정말 똑똑한 개야!

D 그림에 맞게 단어를 바르게 배열하여 문장을 쓰세요.

1. (a / street / What / busy)
What a busy street!
너무 혼잡한 거리야!

2. (calm / a / girl / What)
What a calm girl!
정말 차분한 소녀야!

64 · 똑똑한 하루 Reading

Level 4 B · 65

2주 3일
3일 Reading
Volunteering 자원봉사 하기

Q 아이들이 각자 다른 자원봉사를 하는 이유는 무엇일까요?
잘 수 있는 것이 다르기 때문에

Tony and his friends volunteer every Sunday.
They are good at different things.
So they help in their own ways.

Tony is good at playing soccer.
He teaches soccer to younger kids.

토니와 그의 친구들은 일요일마다 자원봉사를 해요.
그들은 잘하는 것이 달라요.
그래서 그들은 각자의 방식으로 사람들을 도와줘요.

토니는 축구를 잘해요.
그는 어린아이들에게 축구를 가르쳐요.

Olivia is good at singing.
She sings in a nursing home.

올리비아는 노래를 잘해요.
그녀는 요양원에서 노래를 불러요.

David is good at painting.
He paints the walls around
his neighborhood.

데이비드는 그림을 잘 그려요.
그는 이웃의 벽에 그림을 그려요.

They all love doing their volunteer work.
그들은 모두 자원봉사 활동 하는 것을 매우 좋아해요.

하루 구문

주어 + be동사 + good at + 동사원형ing ~.
…는 ~를 잘해.

주어가 어떤 것을 잘한다고 말하는 표현이에요. 전치사 at 뒤에 동사가
올 때는 동사원형에 ing를 붙인 동명사의 형태로 써야 해요.

> They are good at different
> things.와 같이 be good at 뒤에
> 명사가 올 수도 있어요.

Let's Check
글의 내용과 일치하도록 빈칸에 알맞은 것을 고르세요.

1. Olivia is good at _____.
   ⓐ singing   ⓑ painting   ⓒ playing soccer

2. Tony and his friends like _____ very much.
   ⓐ shopping   ⓑ volunteering   ⓒ teaching

68 • 똑똑한 하루 Reading   Level 4 B • 69

3일 Reading
Let's Practice 집중 연습

A 그림에 알맞은 단어를 찾아 동그라미 한 후 빈칸에 쓰세요.

f s g **t e a c h** m z **v o l u n t e e r** y w b **k i d** a f d

1. kid
2. teach
3. volunteer

B 그림에 알맞은 단어를 보기에서 골라 문장을 완성하세요.

보기   neighborhood   nursing home   different

1. She sings in a **nursing home**

2. He paints the walls around his **neighborhood**

C 그림에 알맞은 문장을 완성하세요.

1. Kate **is good at singing**.
   케이트는 노래를 잘 불러.

2. I **am good at playing** soccer.
   나는 축구를 잘해.

D 그림에 맞게 단어나 어구를 바르게 배열하여 문장을 쓰세요.

1. (cookies / is good at / Sam / baking)
   Sam is good at baking cookies.
   샘은 쿠키를 잘 구워.

2. (are good at / painting / My friends)
   My friends are good at painting.
   내 친구들은 그림을 잘 그려.

70 • 똑똑한 하루 Reading   Level 4 B • 71

2주
4일
Reading

4일 Safety Rules 안전 수칙

Q 남자아이는 꿈속에서 무엇을 배우고 있을까요?
안전 수칙

Mike lives in a very big city.
There is a lot of danger around him.
Yesterday he played on the street and got in an accident.
He did not follow the safety rules.

마이크는 대도시에 살아요.
그의 주변에는 많은 위험이 있어요.
어제 그는 거리에서 놀다가 사고를 당했어요.
그는 안전 수칙을 따르지 않았어요.

하루 구문

You must + 동사원형 ~. 너는 ~해야 해.

상대방에게 무엇을 반드시 해야 한다고 강하게 말하는 표현이에요. 이때 must는 '~해야 하다'라는 뜻으로 의무나 충고를 나타내는 조동사이며 뒤에는 동사원형을 써야 해요.

조동사는 동사의 뜻과 의미를 능력(can), 미래(will), 허락(may) 등의 의미를 덧붙여 주는 말이에요.

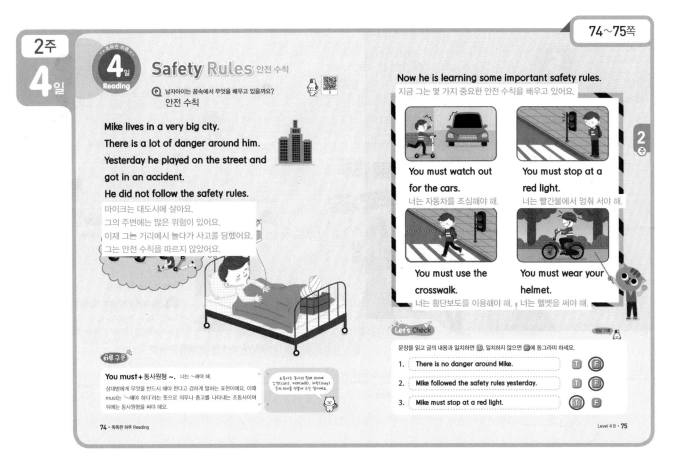

Now he is learning some important safety rules.
지금 그는 몇 가지 중요한 안전 수칙을 배우고 있어요.

You must watch out for the cars.
너는 자동차를 조심해야 해.

You must stop at a red light.
너는 빨간불에서 멈춰 서야 해.

You must use the crosswalk.
너는 횡단보도를 이용해야 해.

You must wear your helmet.
너는 헬멧을 써야 해.

Let's Check
정답 11쪽

문장을 읽고 글의 내용과 일치하면 ⓣ, 일치하지 않으면 ⓕ에 동그라미 하세요.

1. There is no danger around Mike. T **F**

2. Mike followed the safety rules yesterday. T **F**

3. Mike must stop at a red light. **T** F

74 • 똑똑한 하루 Reading

Level 4 B • 75

4일 Let's Practice 집중 연습
Reading

▶정답 11쪽

A 그림에 알맞은 단어가 되도록 알파벳을 바르게 배열하여 쓰세요.

1. tseayf
safety

2. skrswoalc
crosswalk

3. nirptaotm
important

B 그림에 알맞은 단어나 어구를 보기에서 골라 문장을 완성하세요.

보기 accident follow watch out for

1. Yesterday he got in an <u>accident</u>

2. You must <u>follow</u> the safety rules.

C 그림에 알맞은 문장을 완성하세요.

1. You **must wear** your helmet.
너는 헬멧을 써야 해.

2. You **must stop** at a red light.
너는 빨간불에서 멈춰 서야 해.

D 그림에 맞게 단어나 어구를 바르게 배열하여 문장을 쓰세요.

1. (use / must / the crosswalk / You)
You must use the crosswalk.
너는 횡단보도를 이용해야 해.

2. (the cars / You / watch out for / must)
You must watch out for the cars.
너는 자동차를 조심해야 해.

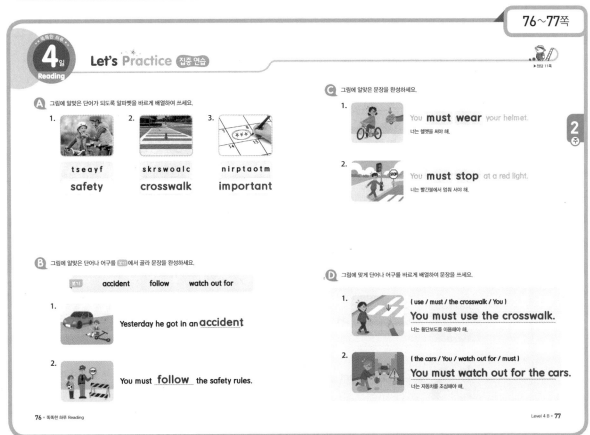

76 • 똑똑한 하루 Reading

Level 4 B • 77

2주
5일

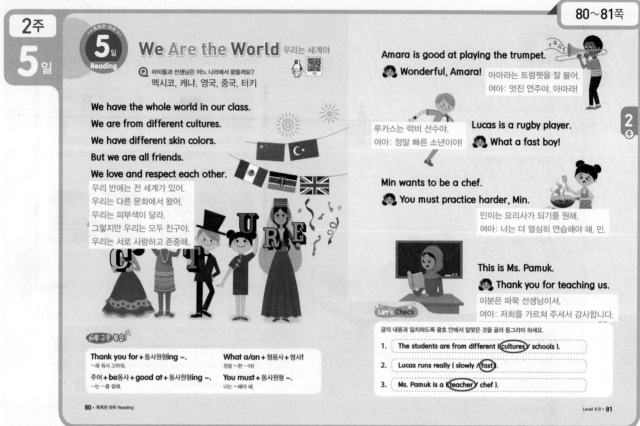

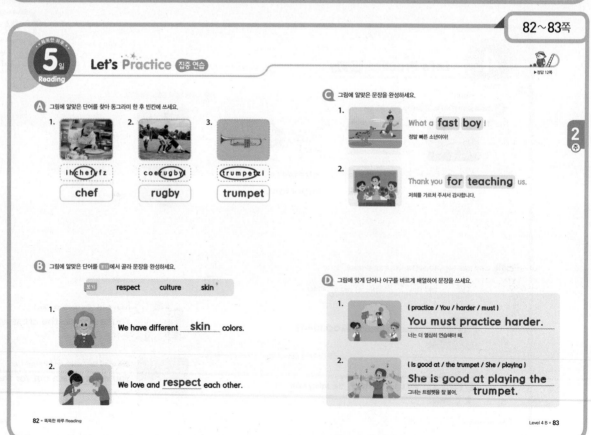

2주 특강

2주 누구나 100점 TEST

맞은 개수 /8개
▶정답 13쪽

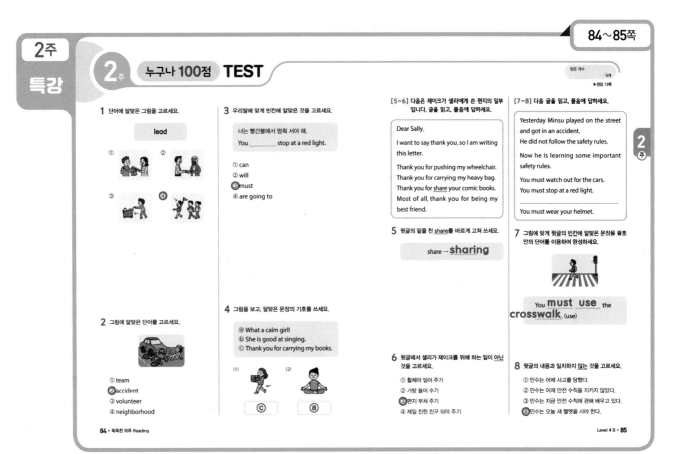

1 단어에 알맞은 그림을 고르세요.

lead

① ② ③ ④

2 그림에 알맞은 단어를 고르세요.

① team
② accident
③ volunteer
④ neighborhood

3 우리말에 맞게 빈칸에 알맞은 것을 고르세요.

너는 빨간불에서 멈춰 서야 해.

You _____ stop at a red light.

① can
② will
③ must
④ are going to

4 그림을 보고, 알맞은 문장의 기호를 쓰세요.

ⓐ What a calm girl!
ⓑ She is good at singing.
ⓒ Thank you for carrying my books.

(1) ⓒ (2) ⓐ

[5~6] 다음은 제이크가 샐리에게 쓴 편지의 일부입니다. 글을 읽고, 물음에 답하세요.

Dear Sally,

I want to say thank you, so I am writing this letter.

Thank you for pushing my wheelchair.
Thank you for carrying my heavy bag.
Thank you for share your comic books.
Most of all, thank you for being my best friend.

5 윗글의 밑줄 친 share를 바르게 고쳐 쓰세요.

share → **sharing**

6 윗글에서 샐리가 제이크를 위해 하는 일이 아닌 것을 고르세요.

① 휠체어 밀어 주기
② 가방 들어 주기
③ 편지 부쳐 주기
④ 제일 친한 친구 되어 주기

[7~8] 다음 글을 읽고, 물음에 답하세요.

Yesterday Minsu played on the street and got in an accident.
He did not follow the safety rules.
Now he is learning some important safety rules.
You must watch out for the cars.
You must stop at a red light.
──────────────────
You must wear your helmet.

7 그림에 맞게 윗글의 빈칸에 알맞은 문장을 괄호 안의 단어를 이용하여 완성하세요.

You **must use** the **crosswalk**. (use)

8 윗글의 내용과 일치하지 <u>않는</u> 것을 고르세요.

① 민수는 어제 사고를 당했다.
② 민수는 어제 안전 수칙을 지키지 않았다.
③ 민수는 지금 안전 수칙에 관해 배우고 있다.
④ 민수는 오늘 새 헬멧을 사야 한다.

84 • 똑똑한 하루 Reading   Level 4 B • 85

2주 특강 창의·융합·코딩 ❶ Brain Game Zone

▶정답 13쪽

🎲 배운 내용을 떠올리며 말판 놀이를 해 보세요.

START

1. 그림을 보고 알맞은 단어에 동그라미 하세요.
(letter) wheelchair

2. 그림에 알맞은 단어를 완성하세요.
s a f e t y

3. 그림을 보고 알파벳을 바르게 배열하여 단어를 쓰세요.
efdfnrite → **different**

4. 그림과 단어가 일치하면 O 표, 일치하지 않으면 X 표 하세요.
comic book O

5. 단어나 어구를 읽고 알맞은 우리말 뜻과 연결하세요.
get on ── (버스 등에) 타다
volunteer ── 자원봉사 하다

6. 문장을 읽고 알맞은 그림에 동그라미 하세요.
He is good at playing rugby.

7. 그림을 보고 괄호 안의 단어를 이용하여 문장을 완성하세요.
I **am** good at **cooking** (cook)

8. 우리말에 맞게 괄호 안에서 알맞은 것을 골라 동그라미 하세요.
내 휠체어를 밀어 줘서 고마워.
Thank you for (push / (pushing)) my wheelchair.

9. 그림을 보고 알맞은 문장에 ✓ 표 하세요.
You must wear your helmet. ☐
You must watch out for the cars. ✓

10. 우리말에 맞게 단어를 바르게 배열하여 문장을 쓰세요.
정말 좋은 날씨야!
(a / day / What / nice)
→ **What a nice day!**

FINISH

86 • 똑똑한 하루 Reading   Level 4 B • 87

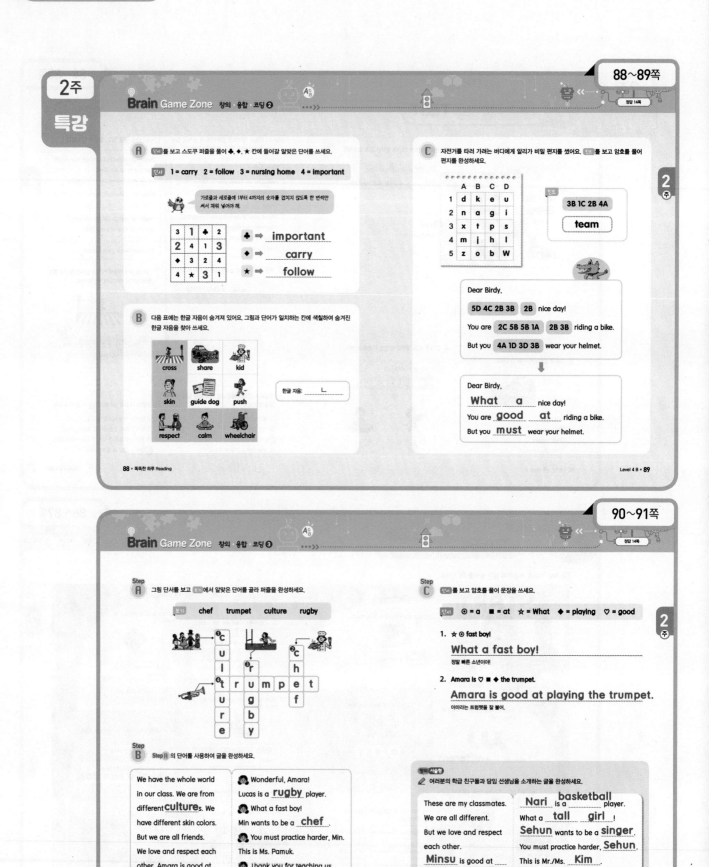

3주

1일 Reading

Yi Sunsin 이순신

Q 남자아이는 어떤 위인에 관해 알게 되었을까요?
이순신

April 15, 20XX

Today I read a Korean history book about Yi Sunsin.

He made the Turtle Ship.
He fought against the Japanese.
And with the Turtle Ship, he saved his country.

20XX년 4월 15일

오늘 나는 이순신에 관한 한국 역사책을 읽었다.

그는 거북선을 만들었다.
그는 일본인에 맞서 싸웠다.
그리고 거북선으로 그는 그의 나라를 구했다.

하루 구문

주어 + sound/look like + 명사 ~. …는 ~처럼 들려/보여.
주어를 보거나 주어에 관해 들은 후 다른 것과 비교해서 자신의 의견이나
생각을 말하는 표현이에요.

sound나 look 뒤에 명종사가
오면 '~하게 들린다', '~해 보인다'라는
뜻을 나타내요.

98 • 똑똑한 하루 Reading

He is really famous in Korea.
A lot of Koreans admire him.
He sounds like a true hero, right?

그는 한국에서 정말 유명하다.
많은 한국인들이 그를 존경한다.
그는 진짜 영웅 같아, 그렇지?

This is the Turtle Ship. It looks like a turtle.
Look at the head. It looks like a dragon's head.

이것이 거북선이다. 그것은 거북이처럼 보인다.
머리를 보라. 그것은 용의 머리처럼 보인다. 정답 15쪽

Let's Check

글의 내용과 일치하도록 괄호 안에서 알맞은 것을 골라 동그라미 하세요.

1. The boy read a Korean (history / science) book today.

2. Yi Sunsin fought against the (Chinese / Japanese).

3. The head of the Turtle Ship looks like a (turtle / dragon's head).

Level 4 B • 99

1일 Reading

Let's Practice 집중 연습

▶정답 15쪽

A 그림에 알맞은 단어를 찾아 동그라미 한 후 빈칸에 쓰세요.

a q j a p a n e s e t w z f i g h t j h d r a g o n b p

1. dragon
2. Japanese
3. fight

B 그림에 알맞은 단어를 보기에서 골라 문장을 완성하세요.

보기 admire   save   hero

1. He _save_ d his country.

2. A lot of Koreans _admire_ him.

C 그림에 알맞은 문장을 완성하세요.

1. It **looks like** a turtle.
그것은 거북이처럼 보여.

2. He **sounds like** a true hero.
그는 진정한 영웅처럼 들려.

D 그림에 맞게 단어나 어구를 바르게 배열하여 문장을 쓰세요.

1. (looks like / dragon's head / It / a)
It looks like a dragon's head.
그것은 용의 머리처럼 보여.

2. (a / sounds like / good idea / That)
That sounds like a good idea.
그것은 좋은 생각처럼 들려.

100 • 똑똑한 하루 Reading

Level 4 B • 101

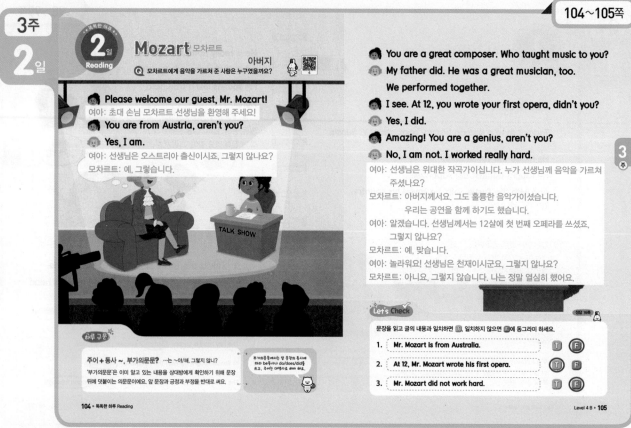

3주
2일

2일 Reading

Mozart 모차르트

아버지

Q 모차르트에게 음악을 가르쳐 준 사람은 누구였을까요?

👩 Please welcome our guest, Mr. Mozart!
여자: 초대 손님 모차르트 선생님을 환영해 주세요!
👩 You are from Austria, aren't you?
🧑 Yes, I am.
여자: 선생님은 오스트리아 출신이시죠, 그렇지 않나요?
모차르트: 예, 그렇습니다.

TALK SHOW

👩 You are a great composer. Who taught music to you?
🧑 My father did. He was a great musician, too.
We performed together.
👩 I see. At 12, you wrote your first opera, didn't you?
🧑 Yes, I did.
👩 Amazing! You are a genius, aren't you?
🧑 No, I am not. I worked really hard.

여자: 선생님은 위대한 작곡가이십니다. 누가 선생님께 음악을 가르쳐
주셨나요?
모차르트: 아버지께서요. 그도 훌륭한 음악가이셨습니다.
우리는 공연을 함께 하기도 했습니다.
여자: 알겠습니다. 선생님께서는 12살에 첫 번째 오페라를 쓰셨죠,
그렇지 않나요?
모차르트: 예, 맞습니다.
여자: 놀라워요! 선생님은 천재이시군요, 그렇지 않나요?
모차르트: 아니요, 그렇지 않습니다. 나는 정말 열심히 했어요.

하루 구문

주어 + 동사 ~, 부가의문문? …는 ~아/해, 그렇지 않니?
'부가의문문'은 이미 알고 있는 내용을 상대방에게 확인하기 위해 문장
뒤에 덧붙이는 의문문이에요. 앞 문장의 긍정과 부정을 반대로 써요.

부가의문문에서는 앞 문장의 동사에
따라 be동사나 do/does/did를
쓰고, 주어는 대명사로 바꿔 써요.

Let's Check
정답 16쪽

문장을 읽고 글의 내용과 일치하면 T, 일치하지 않으면 F에 동그라미 하세요.

1. Mr. Mozart is from Australia. T (F)
2. At 12, Mr. Mozart wrote his first opera. (T) F
3. Mr. Mozart did not work hard. T (F)

2일 Reading

Let's Practice 집중 연습

▶정답 16쪽

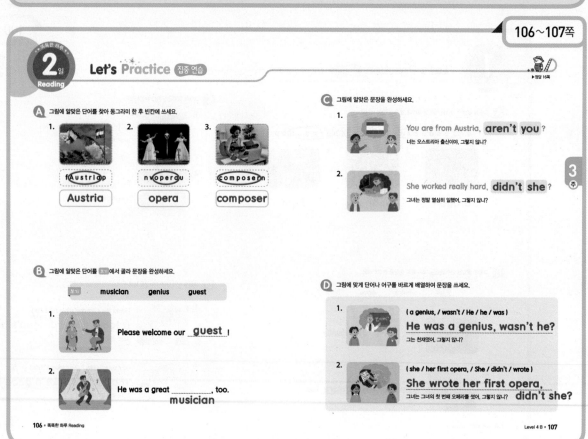

Ⓐ 그림에 알맞은 단어를 찾아 동그라미 한 후 빈칸에 쓰세요.

1. f Austria p
Austria

2. n v opera u
opera

3. composer n
composer

Ⓒ 그림에 알맞은 문장을 완성하세요.

1. You are from Austria, **aren't you** ?
너는 오스트리아 출신이야, 그렇지 않니?

2. She worked really hard, **didn't she** ?
그녀는 정말 열심히 일했어, 그렇지 않니?

Ⓑ 그림에 알맞은 단어를 보기에서 골라 문장을 완성하세요.

보기 musician genius guest

1. Please welcome our **guest** !

2. He was a great **musician**, too.

Ⓓ 그림에 맞게 단어나 어구를 바르게 배열하여 문장을 쓰세요.

1. (a genius, / wasn't / He / he / was)
He was a genius, wasn't he?
그는 천재였어, 그렇지 않니?

2. (she / her first opera, / She / didn't / wrote)
She wrote her first opera,
그녀는 그녀의 첫 번째 오페라를 썼어, 그렇지 않니? **didn't she?**

110~111쪽

 3주 **3일**

 3일 Reading

Jane Goodall 제인 구달

Q 처음에 제인은 어떤 방법으로 침팬지를 연구했을까요?
조용히 앉아서 관찰했다.

Little Jane loved animals.
One day, her father gave a stuffed chimpanzee to her.
She got interested in chimpanzees and decided to study them.

She was poor. She could not go to university.
So she decided to go to Africa.

어린 제인은 동물을 사랑했어요.
어느 날 그녀의 아버지는 그녀에게 침팬지 인형을 하나 주셨어요.
그녀는 침팬지에 관해 관심이 생겼고 침팬지를 연구하기로 결심했어요.

그녀는 가난했어요. 그녀는 대학에 갈 수 없었어요.
그래서 그녀는 아프리카로 가기로 결심했어요.

다행히 그녀는 일자리를 구해서 침팬지를 연구할 수 있었어요.
그녀는 하루 종일 조용히 앉아서 그들을 관찰했어요.
그녀는 각 침팬지에게 이름을 지어 주기로 결심했어요.
마침내 그녀는 그들의 친구가 되었어요.

Luckily, she got a job and was able to study chimpanzees.
She sat quietly all day and watched them.
She decided to give a name to every chimpanzee.
Finally, she became their friend.

 하루 구문

주어 + decided to + 동사원형 ~. …는 ~하기로 결심했어.
주어가 과거에 결심했던 것을 나타내는 표현이에요. decide 뒤에 동사가
올 때는 「to+동사원형」의 형태로 써야 해요.

decide 뒤에 오는
「to+동사원형」을 「to부정사」라고
하는데 decide의 목적어로 쓰여요.

 Let's Check 정답 17쪽

글의 내용과 일치하도록 괄호 안에서 알맞은 것을 골라 동그라미 하세요.

1. Jane decided to study (monkeys / (Chimpanzees)).

2. Jane went to ((Africa) / America).

3. Jane gave a (present / (name)) to every chimpanzee.

110 ㆍ 똑똑한 하루 Reading   Level 4 B ㆍ **111**

112~113쪽

 **3일** Reading

Let's Practice 집중 연습

정답 17쪽

A 그림에 알맞은 단어가 되도록 알파벳을 바르게 배열하여 쓰세요.

1.

lutqyei
quietly

2.

euirtvsnly
university

3.

eciamhnzep
chimpanzee

B 그림에 알맞은 단어를 보기에서 골라 문장을 완성하세요.

보기   decide   job   poor

1.
She was ___poor___ .

2.
Luckily, she got a ___job___ .

C 그림에 알맞은 문장을 완성하세요.

1.
She **decided to go** to Africa.
그녀는 아프리카에 가기로 결심했어.

2.
I **decided to study** chimpanzees.
나는 침팬지를 연구하기로 결심했어.

D 그림에 맞게 단어나 어구를 바르게 배열하여 문장을 쓰세요.

1.
(the lions / decided / all day / to watch / She)
She decided to watch the lions all day.
그녀는 하루 종일 그 사자들을 지켜보기로 결심했어.

2.
(decided / a name / He / to every dog / to give)
He decided to give a name to every dog.
그는 각 개에게 이름을 지어 주기로 결심했어.

112 ㆍ 똑똑한 하루 Reading   Level 4 B ㆍ **113**

3주

5일
Reading

Mother Teresa 마더 테레사

Q 테레사 수녀가 평생 동안 한 일은 무엇이었을까요?
(가난하고 아픈) 사람들을 도와주었다.

This is the story of Mother Teresa.

At 18, she became a nun and later went to India.
She taught girls and enjoyed teaching.

이것은 마더 테레사에 관한 이야기예요.

그녀는 18살에 수녀가 되었고 나중에 인도로 갔어요.
그녀는 여자아이들을 가르쳤고 가르치는 것을 즐겼어요.

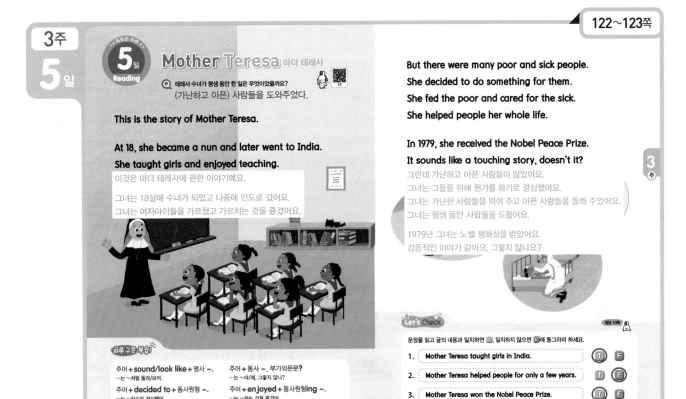

하루 구문 복습

주어 + sound/look like + 명사 ~.
…는 ~처럼 들려/보여.

주어 + decided to + 동사원형 ~.
…는 ~하기로 결심했어.

주어 + 동사 ~, 부가의문문?
…는 ~야/해, 그렇지 않니?

주어 + enjoyed + 동사원형ing ~.
…는 ~하는 것을 즐겼어.

122 ● 똑똑한 하루 Reading

But there were many poor and sick people.
She decided to do something for them.
She fed the poor and cared for the sick.
She helped people her whole life.

In 1979, she received the Nobel Peace Prize.
It sounds like a touching story, doesn't it?

그런데 가난하고 아픈 사람들이 많았어요.
그녀는 그들을 위해 뭔가를 하기로 결심했어요.
그녀는 가난한 사람들을 먹여 주고 아픈 사람들을 돌봐 주었어요.
그녀는 평생 동안 사람들을 도왔어요.

1979년 그녀는 노벨 평화상을 받았어요.
감동적인 이야기 같아요, 그렇지 않나요?

Let's Check 정답 19쪽

문장을 읽고 글의 내용과 일치하면 ⓣ, 일치하지 않으면 ⓕ에 동그라미 하세요.

1. Mother Teresa taught girls in India. — ⓣ Ⓕ
2. Mother Teresa helped people for only a few years. — ⓣ Ⓕ
3. Mother Teresa won the Nobel Peace Prize. — Ⓣ Ⓕ

Level 4 B ● 123

5일
Reading

Let's Practice 집중 연습

▶정답 19쪽

A 그림에 알맞은 단어가 되도록 알파벳을 바르게 배열하여 쓰세요.

1. l e p z r → prize
2. c e e a p → peace
3. e r e v e c i → receive

B 그림에 알맞은 단어나 어구를 보기에서 골라 문장을 완성하세요.
(필요한 경우 단어의 형태를 바꿔 쓰세요)

보기 | touching | nun | care for

1. At 18, she became a ___nun___.

2. He fed the poor and cared for the sick.

C 그림에 알맞은 문장을 완성하세요.

1. She enjoyed teaching.
그녀는 가르치는 것을 즐겼어.

2. It sounds like a touching story.
그것은 감동적인 이야기처럼 들려.

D 그림에 맞게 단어나 어구를 바르게 배열하여 문장을 쓰세요.

1. (something / to do / He / for the dogs / decided)
He decided to do something for the dogs.
그는 그 개들을 위해 뭔가를 하기로 결심했어.

2. (received / didn't / She / the Nobel Peace Prize, / she)
She received the Nobel Peace Prize, didn't she?
그녀는 노벨 평화상을 받았어, 그렇지 않니?

124 ● 똑똑한 하루 Reading

Level 4 B ● 125

3주

특강

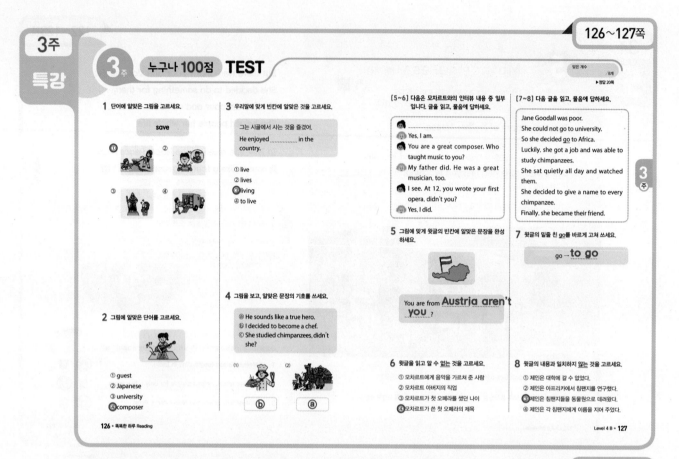

1 단어에 알맞은 그림을 고르세요.

save

2 그림에 알맞은 단어를 고르세요.

① guest
② Japanese
③ university
④ composer

3 우리말에 맞게 빈칸에 알맞은 것을 고르세요.

그는 시골에서 사는 것을 즐겼어.

He enjoyed _____ in the country.

① live
② lives
③ living
④ to live

4 그림을 보고, 알맞은 문장의 기호를 쓰세요.

ⓐ He sounds like a true hero.
ⓑ I decided to become a chef.
ⓒ She studied chimpanzees, didn't she?

(1) ⓑ   (2) ⓐ

[5~6] 다음은 모차르트와의 인터뷰 내용 중 일부입니다. 글을 읽고, 물음에 답하세요.

- Yes, I am.
- You are a great composer. Who taught music to you?
- My father did. He was a great musician, too.
- I see. At 12, you wrote your first opera, didn't you?
- Yes, I did.

5 그림에 맞게 윗글의 빈칸에 알맞은 문장을 완성하세요.

You are from **Austria aren't you** ?

6 윗글을 읽고 알 수 없는 것을 고르세요.

① 모차르트에게 음악을 가르쳐 준 사람
② 모차르트 아버지의 직업
③ 모차르트가 첫 오페라를 썼던 나이
④ 모차르트가 쓴 첫 오페라의 제목

[7~8] 다음 글을 읽고, 물음에 답하세요.

Jane Goodall was poor.
She could not go to university.
So she decided go to Africa.
Luckily, she got a job and was able to study chimpanzees.
She sat quietly all day and watched them.
She decided to give a name to every chimpanzee.
Finally, she became their friend.

7 윗글의 밑줄 친 go를 바르게 고쳐 쓰세요.

go → **to go**

8 윗글의 내용과 일치하지 않는 것을 고르세요.

① 제인은 대학에 갈 수 없었다.
② 제인은 아프리카에서 침팬지를 연구했다.
③ 제인은 침팬지를 동물원으로 데려왔다.
④ 제인은 각 침팬지에게 이름을 지어 주었다.

3주 **특강** 창의 · 융합 · 코딩 ❶ **Brain Game Zone**

배운 내용을 떠올리며 말판 놀이를 해 보세요.

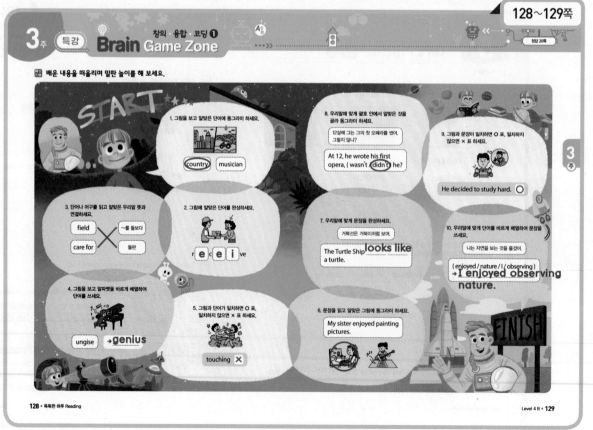

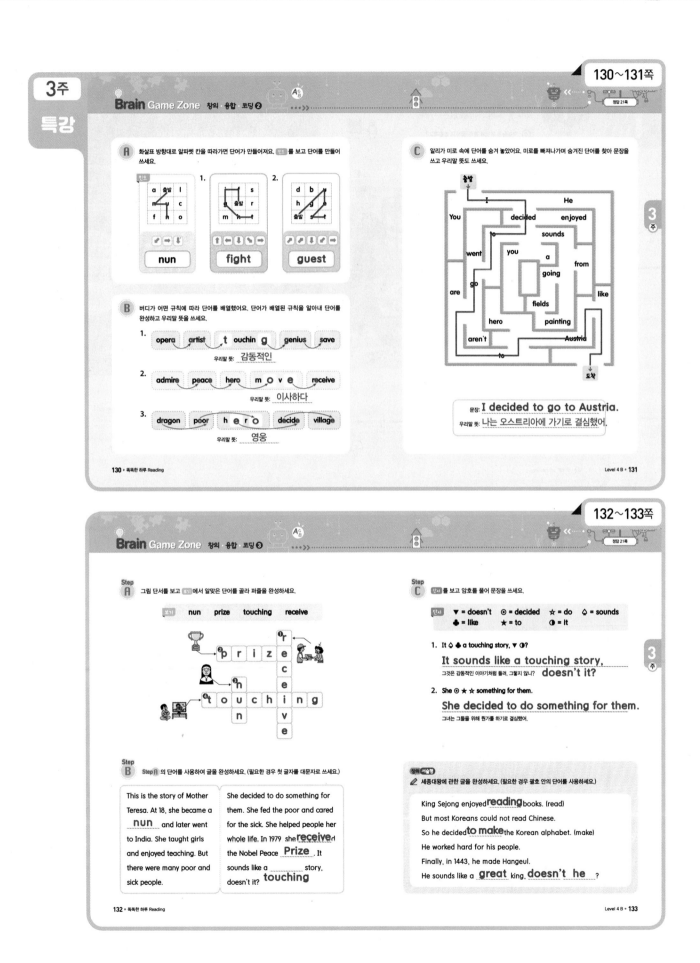

3주
특강

Brain Game Zone 창의 · 융합 · 코딩 ❷

A 화살표 방향대로 알파벳 칸을 따라가면 단어가 만들어져요. 힌트를 보고 단어를 만들어 쓰세요.

nun

1. fight

2. guest

B 버디가 어떤 규칙에 따라 단어를 배열했어요. 단어가 배열된 규칙을 알아내 단어를 완성하고 우리말 뜻을 쓰세요.

1. opera artist t ouchin g genius save
우리말 뜻: 감동적인

2. admire peace hero m o v e receive
우리말 뜻: 이사하다

3. dragon poor h e r o decide village
우리말 뜻: 영웅

C 알리가 미로 속에 단어를 숨겨 놓았어요. 미로를 빠져나가며 숨겨진 단어를 찾아 문장을 쓰고 우리말 뜻도 쓰세요.

문장: I decided to go to Austria.
우리말 뜻: 나는 오스트리아에 가기로 결심했어.

130 · 똑똑한 하루 Reading

Level 4 B · 131

Brain Game Zone 창의 · 융합 · 코딩 ❸

Step A 그림 단서를 보고 보기에서 알맞은 단어를 골라 퍼즐을 완성하세요.

보기 nun prize touching receive

¹r
²p r i z e
c
e
³n i
⁴t o u c h i n g
n v
e

Step B Step A 의 단어를 사용하여 글을 완성하세요. (필요한 경우 첫 글자를 대문자로 쓰세요)

This is the story of Mother Teresa. At 18, she became a nun and later went to India. She taught girls and enjoyed teaching. But there were many poor and sick people.

She decided to do something for them. She fed the poor and cared for the sick. She helped people her whole life. In 1979 she received the Nobel Peace Prize. It sounds like a touching story, doesn't it?

Step C 단서를 보고 암호를 풀어 문장을 쓰세요.

단서 ▼ = doesn't ⊙ = decided ☆ = do ♢ = sounds
♣ = like ★ = to ❶ = it

1. It ♢ ♣ a touching story, ▼ ❶?
It sounds like a touching story, doesn't it?
그것은 감동적인 이야기처럼 들려, 그렇지 않니?

2. She ⊙ ★ ☆ something for them.
She decided to do something for them.
그녀는 그들을 위해 뭔가를 하기로 결심했어.

창의 서술형
✎ 세종대왕에 관한 글을 완성하세요. (필요한 경우 괄호 안의 단어를 사용하세요)

King Sejong enjoyed reading books. (read)
But most Koreans could not read Chinese.
So he decided to make the Korean alphabet. (make)
He worked hard for his people.
Finally, in 1443, he made Hangeul.
He sounds like a great king, doesn't he ?

132 · 똑똑한 하루 Reading

Level 4 B · 133

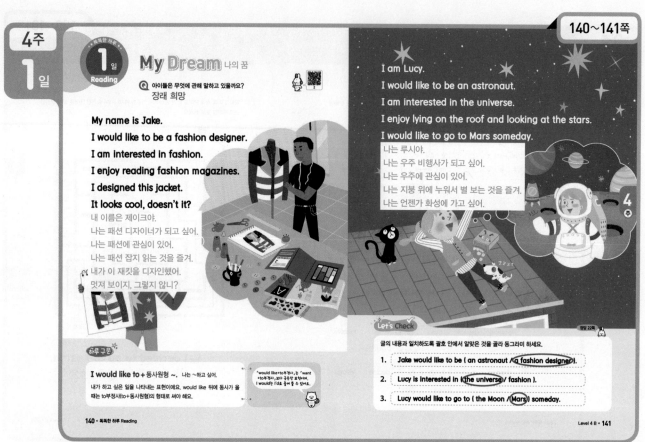

4주 1일

1일 Reading

My Dream 나의 꿈

Q 아이들은 무엇에 관해 말하고 있을까요?
장래 희망

My name is Jake.
I would like to be a fashion designer.
I am interested in fashion.
I enjoy reading fashion magazines.
I designed this jacket.
It looks cool, doesn't it?
내 이름은 제이크야.
나는 패션 디자이너가 되고 싶어.
나는 패션에 관심이 있어.
나는 패션 잡지 읽는 것을 즐겨.
내가 이 재킷을 디자인했어.
멋져 보이지, 그렇지 않니?

I am Lucy.
I would like to be an astronaut.
I am interested in the universe.
I enjoy lying on the roof and looking at the stars.
I would like to go to Mars someday.
나는 루시야.
나는 우주 비행사가 되고 싶어.
나는 우주에 관심이 있어.
나는 지붕 위에 누워서 별 보는 것을 즐겨.
나는 언젠가 화성에 가고 싶어.

하루 구문

I would like to + 동사원형 ~. 나는 ~하고 싶어.
내가 하고 싶은 일을 나타내는 표현이에요. would like 뒤에 동사가 올 때는 to부정사(to+동사원형)의 형태로 써야 해요.

'would like+to부정사'는 'want +to부정사'보다 공손한 표현이에요. I would는 I'd로 줄여 쓸 수 있어요.

Let's Check 정답 22쪽

글의 내용과 일치하도록 괄호 안에서 알맞은 것을 골라 동그라미 하세요.

1. Jake would like to be (an astronaut / ⓐ fashion designer).
2. Lucy is interested in (the universe / fashion).
3. Lucy would like to go to (the Moon / Mars) someday.

140 • 똑똑한 하루 Reading
Level 4 B • 141

1일 Reading

Let's Practice 집중 연습

▶정답 22쪽

Ⓐ 그림에 알맞은 단어가 되도록 알파벳을 바르게 배열하여 쓰세요.

1. i e l → **lie**
2. o r f o → **roof**
3. u a o s n t t a r → **astronaut**

Ⓒ 그림에 알맞은 문장을 완성하세요.

1. **I would like to go** to Mars.
나는 화성에 가고 싶어.

2. **I would like to be** an astronaut.
나는 우주 비행사가 되고 싶어.

Ⓑ 그림에 알맞은 단어를 보기 에서 골라 문장을 완성하세요.

보기 universe   fashion designer   magazine

1. I am interested in the **universe**.

2. I enjoy reading fashion **magazine**s.

Ⓓ 그림에 맞게 단어나 어구를 바르게 배열하여 문장을 쓰세요.

1. (a fashion designer / would like / I / to be)
I would like to be a fashion designer.
나는 패션 디자이너가 되고 싶어.

2. (would like / my own clothes / to design / I)
I would like to design my own clothes.
나는 내 옷을 디자인하고 싶어.

142 • 똑똑한 하루 Reading
Level 4 B • 143

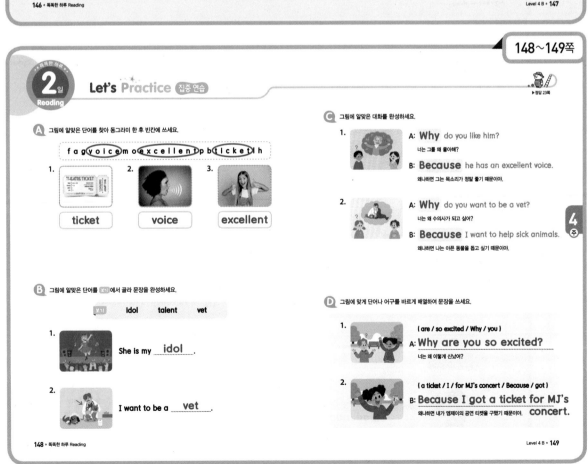

정답 • 23

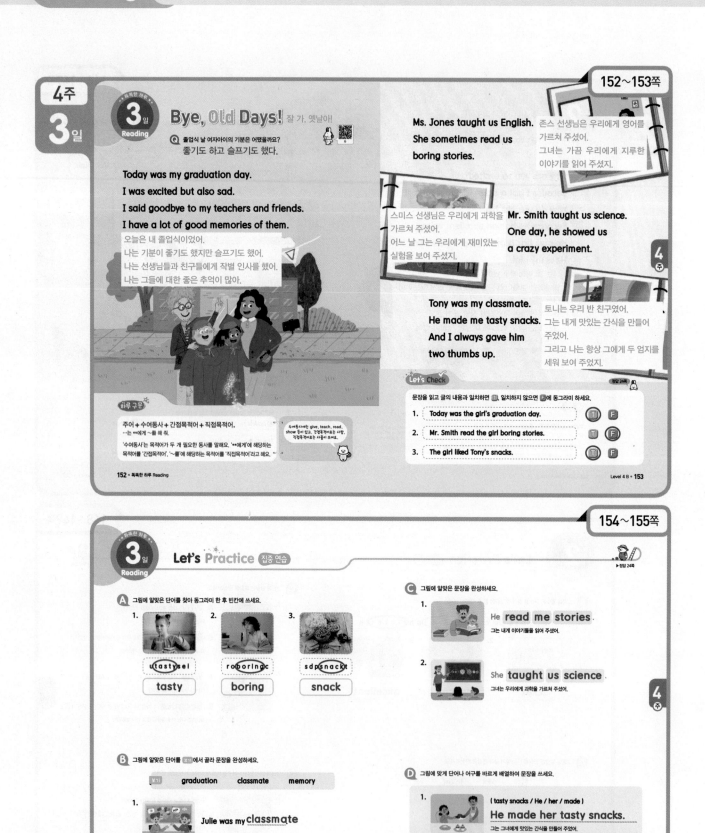

4주 3일 Reading

Bye, Old Days! 잘 가, 옛날아!

Q 졸업식 날 여자아이의 기분은 어땠을까요?
좋기도 하고 슬프기도 했다.

Today was my graduation day.
I was excited but also sad.
I said goodbye to my teachers and friends.
I have a lot of good memories of them.

오늘은 내 졸업식이었어.
나는 기분이 좋기도 했지만 슬프기도 했어.
나는 선생님들과 친구들에게 작별 인사를 했어.
나는 그들에 대한 좋은 추억이 많아.

Ms. Jones taught us English.
She sometimes read us
boring stories.

존스 선생님은 우리에게 영어를 가르쳐 주셨어.
그녀는 가끔 우리에게 지루한 이야기를 읽어 주셨지.

스미스 선생님은 우리에게 과학을 가르쳐 주셨어.
어느 날 그는 우리에게 재미있는 실험을 보여 주셨지.

Mr. Smith taught us science.
One day, he showed us
a crazy experiment.

Tony was my classmate.
He made me tasty snacks.
And I always gave him
two thumbs up.

토니는 우리 반 친구였어.
그는 내게 맛있는 간식을 만들어 주었어.
그리고 나는 항상 그에게 두 엄지를 세워 보여 주었지.

하루 구문

주어 + 수여동사 + 간접목적어 + 직접목적어.
…는 **에게 ~를 해 줘.

'수여동사'는 목적어가 두 개 필요한 동사를 말해요. '**에게'에 해당하는 목적어를 '간접목적어', '~를'에 해당하는 목적어를 '직접목적어'라고 해요.

수여동사에는 give, teach, read, show 등이 있고, 간접목적어는 사람, 직접목적어는 사물이 쓰여요.

Let's Check

문장을 읽고 글의 내용과 일치하면 ⓣ에, 일치하지 않으면 ⓕ에 동그라미 하세요. 정답 24쪽

1. Today was the girl's graduation day. ⓣ Ⓕ
2. Mr. Smith read the girl boring stories. Ⓣ Ⓕ
3. The girl liked Tony's snacks. Ⓣ Ⓕ

152 • 똑똑한 하루 Reading

Level 4 B • 153

3일 Reading

Let's Practice 집중 연습

▶정답 24쪽

A 그림에 알맞은 단어를 찾아 동그라미 한 후 빈칸에 쓰세요.

1. u t a s t y s e l → tasty
2. r o b o r i n g c → boring
3. s d p s n a c k t → snack

C 그림에 알맞은 문장을 완성하세요.

1. He **read me stories**.
그는 내게 이야기들을 읽어 주셨어.

2. She **taught us science**.
그녀는 우리에게 과학을 가르쳐 주셨어.

B 그림에 알맞은 단어를 보기에서 골라 문장을 완성하세요.

보기 graduation   classmate   memory

1. Julie was my **classmate**

2. Today was my _____ day.
graduation

D 그림에 맞게 단어나 어구를 바르게 배열하여 문장을 쓰세요.

1. (tasty snacks / He / her / made)
He made her tasty snacks.
그는 그녀에게 맛있는 간식을 만들어 주었어.

2. (showed / a crazy experiment / I / him)
I showed him a crazy experiment.
나는 그에게 재미있는 실험을 보여 주었어.

154 • 똑똑한 하루 Reading

Level 4 B • 155

158~159쪽

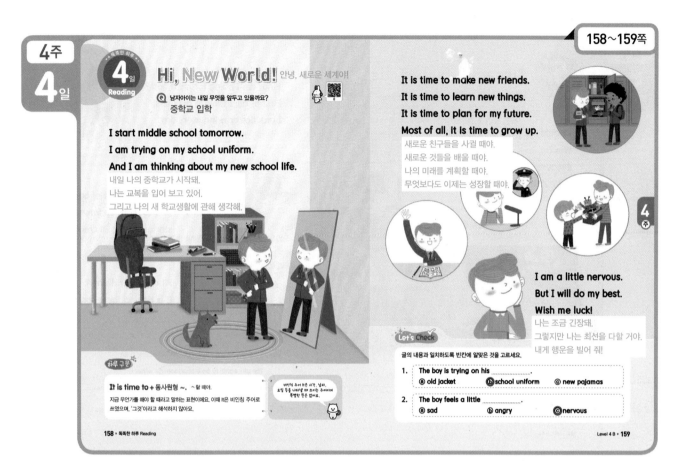

160~161쪽

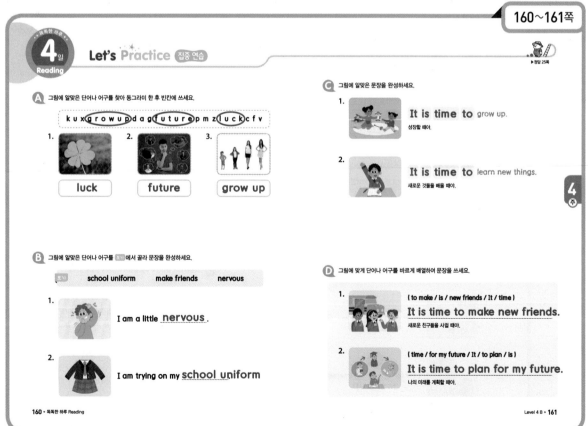

164~165쪽

4주
5일 Reading

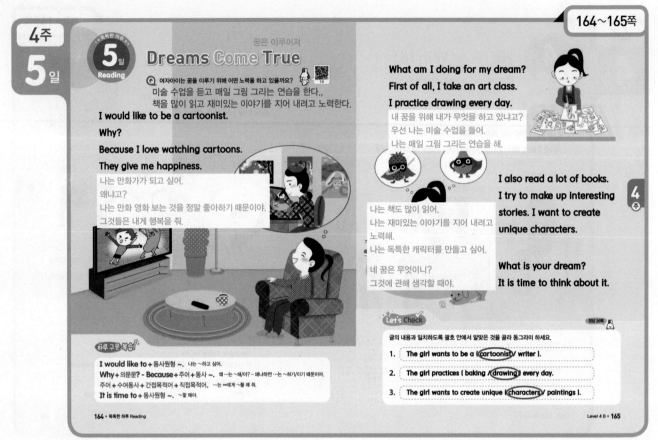

꿈은 이루어져
Dreams Come True

Q 여자아이는 꿈을 이루기 위해 어떤 노력을 하고 있을까요?
미술 수업을 듣고 매일 그림 그리는 연습을 한다.,
책을 많이 읽고 재미있는 이야기를 지어 내려고 노력한다.

I would like to be a cartoonist.
Why?
Because I love watching cartoons.
They give me happiness.

나는 만화가가 되고 싶어.
왜냐고?
나는 만화 영화 보는 것을 정말 좋아하기 때문이야.
그것들은 내게 행복을 줘.

What am I doing for my dream?
First of all, I take an art class.
I practice drawing every day.

내 꿈을 위해 내가 무엇을 하고 있냐고?
우선 나는 미술 수업을 들어.
나는 매일 그림 그리는 연습을 해.

I also read a lot of books.
I try to make up interesting
stories. I want to create
unique characters.

나는 책도 많이 읽어.
나는 재미있는 이야기를 지어 내려고
노력해.
나는 독특한 캐릭터를 만들고 싶어.

What is your dream?
It is time to think about it.

네 꿈은 무엇이니?
그것에 관해 생각할 때야.

하루 구문 복습
I would like to + 동사원형 ~. 나는 ~하고 싶어.
Why + 의문문? - Because + 주어 + 동사 ~. 왜 …는 ~해/야? - 왜냐하면 …는 ~하기/이기 때문이야.
주어 + 수여동사 + 간접목적어 + 직접목적어. …는 **에게 ~를 해 줘.
It is time to + 동사원형 ~. ~할 때야.

Let's Check
정답 26쪽

글의 내용과 일치하도록 괄호 안에서 알맞은 것을 골라 동그라미 하세요.

1. The girl wants to be a (cartoonist / writer).
2. The girl practices (baking / drawing) every day.
3. The girl wants to create unique (characters / paintings).

166~167쪽

5일 Reading

Let's Practice 집중 연습
▶정답 26쪽

A 그림에 알맞은 단어가 되도록 알파벳을 바르게 배열하여 쓰세요.

1. orctoan
cartoon

2. saltconotr
cartoonist

3. aecarhtrc
character

B 그림에 알맞은 단어나 어구를 보기 에서 골라 문장을 완성하세요.

보기 happiness make up dream

1. What am I doing for my dream ?

2. I try to _____ interesting stories.
make up

C 그림에 알맞은 문장을 완성하세요.

1. My friends give me happiness .
내 친구들은 내게 행복을 줘.

2. I would like to be a cartoonist.
나는 만화가가 되고 싶어.

D 그림에 맞게 단어나 어구를 바르게 배열하여 문장을 쓰세요.

1. (love / cartoons / I / Because / watching)
Because I love watching cartoons.
왜냐하면 나는 만화 영화 보는 것을 정말 좋아하기 때문이야.

2. (about your dream / It / time / is / to think)
It is time to think about your
dream.
너의 꿈에 관해 생각할 때야.

4주 특강

4주 누구나 100점 TEST

맞은 개수 /8개
▶ 정답 27쪽

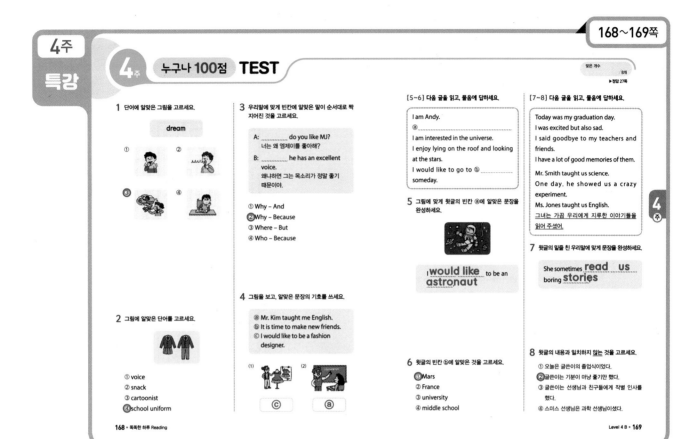

1 단어에 알맞은 그림을 고르세요.

dream

① ② ③ ④

2 그림에 알맞은 단어를 고르세요.

① voice
② snack
③ cartoonist
④ school uniform

3 우리말에 맞게 빈칸에 알맞은 말이 순서대로 짝 지어진 것을 고르세요.

A: _____ do you like MJ?
너는 왜 엠제이를 좋아해?
B: _____ he has an excellent voice.
왜냐하면 그는 목소리가 정말 좋기 때문이야.

① Why – And
② Why – Because
③ Where – But
④ Who – Because

4 그림을 보고, 알맞은 문장의 기호를 쓰세요.

ⓐ Mr. Kim taught me English.
ⓑ It is time to make new friends.
ⓒ I would like to be a fashion designer.

(1) ⓒ
(2) ⓐ

[5~6] 다음 글을 읽고, 물음에 답하세요.

I am Andy.
ⓐ
I am interested in the universe.
I enjoy lying on the roof and looking at the stars.
I would like to go to ⓑ _____ someday.

5 그림에 맞게 윗글의 빈칸 ⓐ에 알맞은 문장을 완성하세요.

I would like to be an astronaut

6 윗글의 빈칸 ⓑ에 알맞은 것을 고르세요.

① Mars
② France
③ university
④ middle school

[7~8] 다음 글을 읽고, 물음에 답하세요.

Today was my graduation day.
I was excited but also sad.
I said goodbye to my teachers and friends.
I have a lot of good memories of them.
Mr. Smith taught us science.
One day, he showed us a crazy experiment.
Ms. Jones taught us English.
그녀는 가끔 우리에게 지루한 이야기들을 읽어 주셨어.

7 윗글의 밑줄 친 우리말에 맞게 문장을 완성하세요.

She sometimes read us boring stories

8 윗글의 내용과 일치하지 않는 것을 고르세요.

① 오늘은 글쓴이의 졸업식이었다.
② 글쓴이는 기분이 마냥 좋기만 했다.
③ 글쓴이는 선생님과 친구들에게 작별 인사를 했다.
④ 스미스 선생님은 과학 선생님이셨다.

4주 특강 Brain Game Zone

창의 · 융합 · 코딩 ❶

정답 27쪽

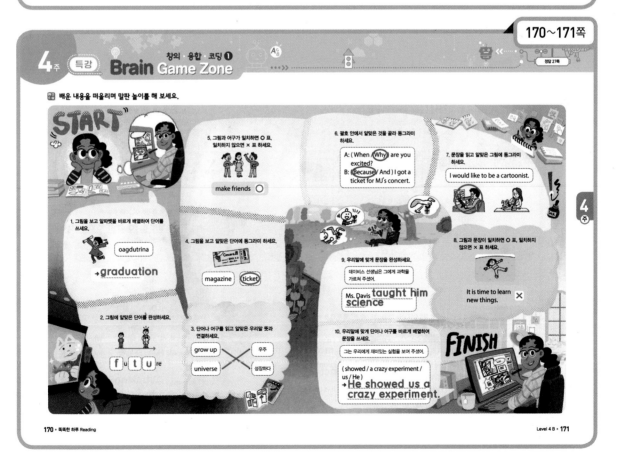

배운 내용을 떠올리며 말판 놀이를 해 보세요.

START

1. 그림을 보고 알파벳을 바르게 배열하여 단어를 쓰세요.
oagdutrina → graduation

2. 그림에 알맞은 단어를 완성하세요.
f u t u re

3. 단어나 어구를 읽고 알맞은 우리말 뜻과 연결하세요.
grow up — 우주
universe — 성장하다

4. 그림을 보고 알맞은 단어에 동그라미 하세요.
magazine ticket

5. 그림과 어구가 일치하면 O 표, 일치하지 않으면 X 표 하세요.
make friends O

6. 괄호 안에서 알맞은 것을 골라 동그라미 하세요.
A: (When / Why) are you excited?
B: (Because / And) I got a ticket for MJ's concert.

7. 문장을 읽고 알맞은 그림에 동그라미 하세요.
I would like to be a cartoonist.

8. 그림과 문장이 일치하면 O 표, 일치하지 않으면 X 표 하세요.
It is time to learn new things. X

9. 우리말에 맞게 문장을 완성하세요.
데이비스 선생님은 그에게 과학을 가르쳐 주셨어.
Ms. Davis taught him science

10. 우리말에 맞게 단어나 어구를 바르게 배열하여 문장을 쓰세요.
그는 우리에게 재미있는 실험을 보여 주셨어.
(showed / a crazy experiment / us / He)
→ He showed us a crazy experiment.

FINISH

4주 특강

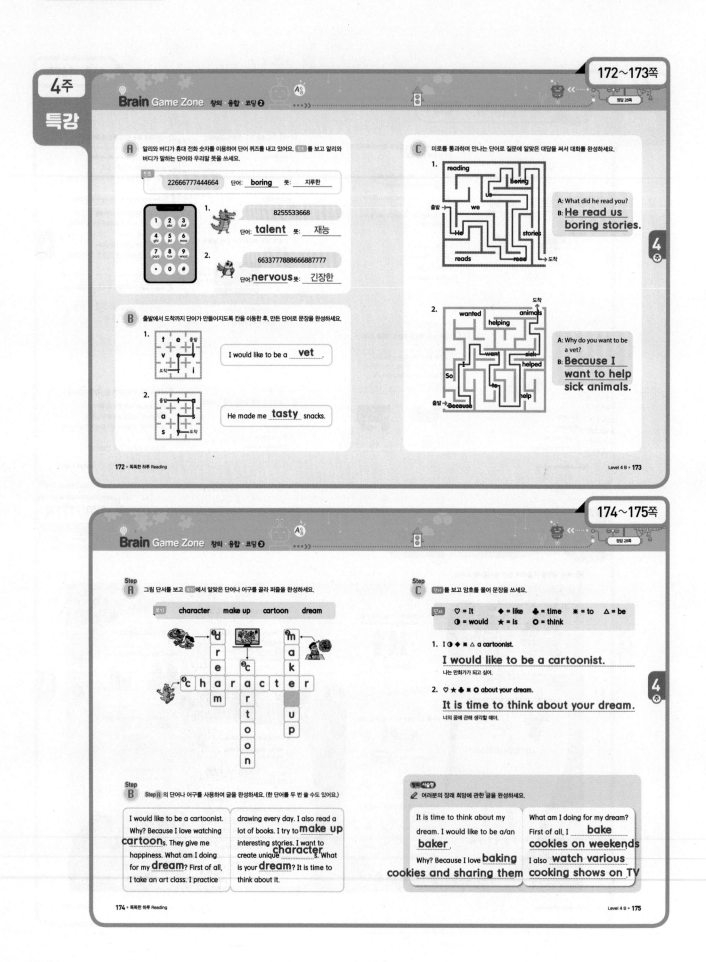

Brain Game Zone 창의·융합·코딩 ❷

정답 28쪽

A 알리와 버디가 휴대 전화 숫자를 이용하여 단어 퀴즈를 내고 있어요. 힌트를 보고 알리와 버디가 말하는 단어와 우리말 뜻을 쓰세요.

힌트
22666777444664   단어: **boring**   뜻: 지루한

1. 8255533668
단어: **talent**   뜻: 재능

2. 6633777888666887777
단어: **nervous** 뜻: 긴장한

B 출발에서 도착까지 단어가 만들어지도록 칸을 이동한 후, 만든 단어로 문장을 완성하세요.

1. I would like to be a **vet**.

2. He made me **tasty** snacks.

C 미로를 통과하며 만나는 단어로 질문에 알맞은 대답을 써서 대화를 완성하세요.

1.
A: What did he read you?
B: **He read us boring stories.**

2.
A: Why do you want to be a vet?
B: **Because I want to help sick animals.**

172 • 똑똑한 하루 Reading
Level 4 B • 173

Brain Game Zone 창의·융합·코딩 ❸

정답 28쪽

Step A 그림 단서를 보고 보기에서 알맞은 단어나 어구를 골라 퍼즐을 완성하세요.

보기   character   make up   cartoon   dream

Step B Step A 의 단어나 어구를 사용하여 글을 완성하세요. (한 단어를 두 번 쓸 수도 있어요.)

I would like to be a cartoonist. Why? Because I love watching **cartoon**s. They give me happiness. What am I doing for my **dream**? First of all, I take an art class. I practice drawing every day. I also read a lot of books. I try to **make up** interesting stories. I want to create unique **character**s. What is your **dream**? It is time to think about it.

Step C 단서를 보고 암호를 풀어 문장을 쓰세요.

단서
♡ = It   ◆ = like   ♣ = time   ✹ = to   △ = be
◑ = would   ★ = is   ○ = think

1. I ◑ ◆ ✹ △ a cartoonist.
I would like to be a cartoonist.
나는 만화가가 되고 싶어.

2. ♡ ★ ♣ ✹ ○ about your dream.
It is time to think about your dream.
너의 꿈에 관해 생각할 때야.

창의·서술형
✏ 여러분의 장래 희망에 관한 글을 완성하세요.

It is time to think about my dream. I would like to be a/an **baker**. Why? Because I love **baking cookies and sharing them**

What am I doing for my dream? First of all, I **bake cookies on weekends** I also **watch various cooking shows on TV**

174 • 똑똑한 하루 Reading
Level 4 B • 175